遊び＋ビジネスで人生が変わる

アソビジネス大全

潮凪洋介
Yosuke Shionagi

JIYUKOKUMINSHA

はじめに

自分らしい人生を完全燃焼するために
～やりたいことが見つからないあなたへ～

この本を読んでいただきたいのは、このような人たちです。

たまたま採用された会社で働く日々……

その仕事が得意かと言えばちょっと微妙……そして好きか？と訊かれたらもっと微妙。

給料も充実感もイマイチうえに、人間関係も時にストレスフル。

出社時間が憂鬱で、胸の奥底から湧き出す"なんかちがう感"にさいなまれつつも、騙し騙し、人生の時間をとりあえず会社の労働に費やす日々……

電車の中でなんとなく流し見していたSNSに、同年代で自由な生き方をしてお金を稼いでいる人を見つけ今の自分との違いに「ウッ」と反射的に画面を閉じてしまった……

自分の心の声に耳を傾ける暇もなく、目の前の忙しさに忙殺され、同僚と仲が悪いわけではないが、「会社の人」以上の特別な想いもない……

そして……

・やりたいことが見つからない。
・得意なことに気づけない。
・好きなことがわからない。

という迷いを抱きながら、

・もっと自分らしく生きたい。
・悔いのない人生を送りたい。
・魅力的な出会いを増やしたい。
・もっと楽しくお金を稼ぎたい。

と感じているすべての人たちです。

一度の人生を幸せに過ごしたい……それは万人の願いです。しかし、選んだ職業、育った環境、失敗体験、周囲からの刷り込みで、それが不可能に思えることがあります。

「何のために生きてるかわからない」「人生こんなはずじゃなかった。」「自分に嘘をついている」「もっと好きで得意なことに没頭したい」「もっと生きることを楽しみたい」――そんなことをモヤモヤと考えている人は多いと思います。

一方で、「好きで得意な仕事や活動」に没頭し、楽しくお金を稼ぎ、気の合う仲間を増やしながら「なりたい自分」に近づいていく人たちもいます。

この違いはどこにあるのでしょうか？

後者タイプの人たちには、ある共通点があります。
それは、プライベートタイムに対する考え方の違いです。
もっと言えば、会社でもない家でもない時間・場所――「サードプレイス」の使い方を工夫しています。
プライベート時間を単に、ストレス解消やレジャーに費やすだけでなく、「理想の自分」になるために上手に活用しているのです。

結論を先に言うと、彼らは**いち早く大好きで得意なことに気付き、それらを、社会のニーズと結びつけ、ビジネスや社会活動として楽しんでいる**のです。

「え？　起業しなきゃいけないの？」

安心してください。そこまで大それた話ではありません。

その答えは「アソビ＋ビジネス＝アソビジネス」にあります。

本著では、大好きで得意なことを、“楽しくビジネス化する”＝「アソビジネスの方法」を楽しくわかりやすく解説しています。ただお金を稼ぐだけではなく、会社外・本業外で自分らしさを表現し、楽しみきる――それがアソビジネスです。

本書を読めば、誰でも世界にたった１つの「アソビジネス」をつくることができます。
そのステップは以下のとおりです。

1．心を解放して遊び、本来の感性を取り戻す。
2．本当に好きなことに気づく。
3．「好きなこと×得意なこと」の合致点を見つける。
4．「顧客視点」でアソビジネス化する。
5．小さくはじめて、長く楽しむ。
6．活動を通じて魅力的な人々と出会う。
7．幸福感を噛みしめる。

本著の方法で、多くの方が理想の日々を手に入れています。
たとえば……

・好きな趣味をテーマに、セミナー、イベント、交流会を開く。
・アクセサリーやオリジナル商品を作ってネットショップで売る。
・得意分野を活かしてコンサルティングやコーチング、カウンセリングをやる。
・ビジネス、恋愛のマッチングサービスやイベントをやってみる。
・好きなことをテーマにメディアで発信をしてみる。

などなど、これはほんの一部の例で、実際にはそれぞれの人生の数だけアソビジネスが存在します。

始め方はとっても簡単！
まずはしっかり遊び、五感を解放してください。これにより「好きなことってこれだったんだ！」「やりたいことってアレだったんだ！」と“衝動的な気づき”を噴出させることです。旅先だったり、趣味に没頭している時、友人と語らっているうちに、ふっと湧き上がる、この衝動こそがあなたの深層心理に眠っていた「本当にやりたいことの原石」です。それらを大事に拾い上げ、宝物のように磨いてゆく——それがアソビジネスづくりのはじめの一歩です。

さて、本著は「やりたいことを具現化する本」ですが、なぜアソビジネスなのか？　なぜ「アソビ」を「ビジネス」にする必要があるのでしょうか？

それには明確な理由があります。

好きで得意なことを最も高いエネルギーで形づくるためには、それをあえて、ビジネスにする必要があります。趣味でも遊びでも学問でもなく、**ビジネスこそが、資本主義社会における、最強の「自己表現方法」**だからなのです。

ここで、ビジネスだからといって難しく考える必要はありません。そして、身構える必要もありません。なぜならそこはあなたのサードプレイス！　自分の感性を最優先し、楽しむことに集中していい場所だからです。そのうえで、ファンやお客様に商品やサービスを提供し、対等な結びつきをつくり、媚びずにマネタイズをしてゆけばいいのです。

そしてそこには、「お金」では測れない、掛け値なしの充足感が待っているのです。幸せな利害関係でつながる“サードプレイス仲間”との出会いが、あなたがあなたらしく生きられるパーフェクトワールドへと導いてくれます。

あなたは会社の一部なんかじゃなく、会社があなたの人生の一部

申し遅れました！

私は「サードプレイスの作り方」「ライフワークの作り方」そして「社外で好きで得意なことでアソビジネスをつくる方法」などをテーマに講演やワークショップを行う潮凪洋介（しおなぎようすけ）といいます。

私が「サードプレイス実践家・啓蒙」の活動を始めたのは、まだ会社員になりたての1993年のことでした。

「会社でも家でもない場所で本当の自分を取り戻し、やりたいこと、好きなこと、得意なことを見つけていく」という内容ですから、風当たりはかなり強かったです。当時は今と違い、社外で社会活動やビジネスまがいのことは、ほぼ禁止の時代でした。それに反し、私はイベント活動や講演活動、勉強会を毎週のように開催していました。また、会社に内緒で東京の港区に事務所を構え「会社外で本当の自分を取り戻すサードプレイス推進活動」に没頭していました。

「新入社員のくせに社外でこんな活動して！　今すぐ中止しなさい！」

「会社を選ぶか？　サードプレイス活動を選ぶか？　どっちかにしなさい！」

会社の上司からは、お叱りの雨あられ――！

それでも、わたしはサードプレイスの啓蒙活動を優先し、会社を数社転職したりもしました。

一見、破壊的にも見えるこの選択ですが、サードプレイス主義を貫いたからこそ、会社と家の往復だけでは得られない情報・人脈・感性・思い出を蓄えることができました。

さらには、好きで得意なことをビジネスにして独立。

自著を70冊以上書き、現在も様々な事業を膨らますことができました。

これはすべて会社員時代のサードプレイス活動、アソビジネスのおかげと言っても過言ではありません。

時は過ぎ、今では、会社外での仕事や活動が認められる世の中になりました。

自分流の生き方の民主化——誰もが自分の人生を自分らしく選べる時代になり、今ほどいい時代はないと思っています。

ここで大切なことがあります。

それは「あなたは会社の一部なんかじゃなく、会社があなたの人生の一部である」ということ。

今、会社で低い評価を受けている——でもそれは、ただ単に適性が合わないだけなのかもしれません。

過去は変えられませんが、1秒後から自分で自分の人生を選ぶことができます。

　ですが、会社をすぐにやめることはお勧めしません。
　きちんと収入を得ながら余った時間で、好きで得意なことでアソビジネスする。会社外で収入を得ることが禁止であれば無報酬で行えばいいのです。
　サードプレイスでのアソビジネスがある限り、あなたの人生は必ず悔いなきものになるはずです。

　自分らしく得意なことで輝く人々の笑顔で満ち溢れた未来を夢見ながら、はじめの挨拶とさせていただきます。

潮凪 洋介

目次

はじめに　3

第1章
あと何年、モヤモヤと“迷い”続けますか？

1-1　「自分に正直になること」を怖がっていませんか？　21
1-2　「生きていてワクワクしない病」を吹き飛ばす　25
1-3　「好きなことがわからない人」が７割　30
1-4　居場所がない会社で「毎日働く理由」はなに？　34
1-5　「得意なことがわからない」まま生きるとどうなるか？　38
1-6　仕事に「やりがい」を感じないのはなぜ？　43
1-7　「未来は、どうせ暗いに決まっている」って思ってませんか？　47
1-8　モヤモヤ生きる人は孤独病になりやすい　51
1-9　副業ブームの功罪とは？　55
1-10　人生の後悔１位は「もっと自分らしく生きればよかった」　58
1-11　すべての不安は「第三の場所」が解消してくれる　62

第2章
「流されライフ」から脱出するたった1つの考え方

2-1　あなたは「会社の一部」ではない！ 会社は「あなたの人生の一部」なのだ！　69
2-2　「パラダイス」は今、見えている視界の外にある　73
2-3　まずは「好き」で「得意」なことで遊んでみる　76
2-4　テレワークは「会社洗脳」から我に返るチャンスだった　79
2-5　「好き」「得意」な遊びを「ビジネス」にしてみたら？　82
2-6　「アソビジネス」が、夢・恋・友情・お金を運んでくる　85
2-7　人生 100 年時代、定年退職後「好きなことで稼ぐ」が主流になる　88
2-8　「これから何に命を使うか」を決めるのは、あなた　91

第3章
こんなにある!サードプレイスを見つけるヒント

3-1　家と会社の間の「サードプレイス」に目を向ける　97
3-2　出会いが広がる「趣味のコミュニティ」　99
3-3　スポーツコミュニティで仲間と健康をWゲット　101
3-4　旧友と “ 思い出の輝き ” を取り戻す　103

3-5　「学びコミュニティ」で“大人の学友”をつくる　105
3-6　「行きつけの店」を見つける　107
3-7　サードプレイス参加と遊び方のマナー　109
3-8　自分でつくるサードプレイス・コミュニティ　111

第4章
仲間遊びで「本当の自分」が見えてくる

4-1　「青臭い時間」が、心を元気にする　117
4-2　今更だけど効果絶大！「友情・恋・夢」の威力！　119
4-3　日曜23時、遊び疲れた自分が本当の自分　121
4-4　仲間の「感性の数」だけセンスアップできる　124
4-5　仲間遊びで「好き×得意」が見えてくる　127
4-6　心が動いた瞬間を手帳に書き込め　130
4-7　「大人の夢の語り場」を楽しんでみる　132

第5章
あなたの「好き」をアソビジネスにする方法

5-1　「好き」で「得意」をアソビジネスにしよう！　137
5-2　「得意なこと」が「好きなこと」とは限らない！　139
5-3　「職歴の強み×趣味の強み」の成功法則　141

5-4　どんな仕事で「好き＆得意」を表現すればいいのか?　144
5-5　「憧れのビジネス」 を“2つ以上”くっつけてみる　147
5-6　一生続けたくなる「アソビジネス」のコンセプトづくり　150
5-7　「成長産業の要素」を掛け合わせる！　153
5-8　「教える」「商品にする」「サポートする」「集める」「マッチングする」のどれかに当てはめる　155

第6章
「やりたいこと」で大繁盛！アソビジネス構築法

6-1　楽しいアソビジネスのシビアな話　161
6-2　ターゲットをプロファイリングしないと失敗する　163
6-3　商品、サービスを「顧客ニーズ」に徹底的に寄せろ！　165
6-4　競合調査で強みを知る　168
6-5　あなたの「アソビジネス」は“どこが”日本一なのか？　170
6-6　ムダなサービスを削ぎ落しシンプルに！　173
6-7　ありえない×ありえない＝超ありえないけどすごい！　175
6-8　価格設定は、「世界観と価値の説明」で決まる！　178
6-9　大切なのは「売る前」よりも「売った後」　181

第7章
10倍儲かる「ビジネスモデル×価格設定」のヒント

7-1　フロー型とストック型――自動増益の仕組み　187
7-2　「体験→入会」の薄利多売型サービスの成功法　190
7-3　自分以外の人に「任せる仕組み」をつくる　193
7-4　お客様を集めたオフ会が、アソビジネスを加速する！　195
7-5　「魅力的な顧客」ほど“VIP限定会員”が大好物　199
7-6　自分の弟子がその弟子を教える「協会型ビジネス」　201
7-7　「超個性的な商品」をつくる　205
7-8　個人ではなく、企業を対象にしてみる　208

第8章
さあ、看板を掲げてスタートしよう！

8-1　今日から世界に1つの「アソビジネス」のオーナー！　213
8-2　「タイトル、サブタイトル、概要説明」が決まれば発信スタートできる　215
8-3　「商品、サービスのメリット」を書き出そう　218
8-4　「ターゲット」をもう一度書き出そう　220
8-5　「名刺」があれば魂に火がつく！　223

8-6　「ブログ」を立ち上げ、活動を発信！　225
8-7　SNS と YouTube で集客に成功するコツ　228
8-8　「キックオフイベント」をやってみる　232

第9章
アソビジネス起業家のためのセルフブランディング

9-1　「お役立ちコラム」を書けば、お客がどんどんやってくる！　237
9-2　あなたは何の専門家？　今日からあなたもその道の先生　240
9-3　読者がファンになる「お役立ちコラム」の書き方　243
9-4　メルマガ、LINE@ に読者登録を促す理由　248
9-5　メジャーWebメディア連載で、ファンが1万倍になる！　250
9-6　「ニュースリリース」を送って、マスコミに取材してもらう　252
9-7　誰でも「講座」は販売できる！　254
9-8　自分プロデュースの「コミュニティ」をつくろう！　256

第10章
本当の心の自由が得られる生き方

10-1　もう「いい人」になるのはやめよう！　261
10-2　できない理由を考える人、うまくいく方法を考える人　263
10-3　好きな仕事をワクワク続けると、運命の出会いが！　266

10-4 「ライフワークツリー」で100歳までの人生が見えてくる 269
10-5 「ライフ・パーパス」のある生き方 272
10-6 月収10万、30万、100万…それぞれのマインドフルネス 274
10-7 死ぬ時に「楽しかった！」と笑える人生を 276
10-8 「1億人アソビジネス挑戦」が私の夢！ 278

実例紹介
サードプレイスビジネスで、人生の景色が変わった!

CASE 1 友人10人と共同出資でカフェバー運営、人脈が1000人に 283
CASE 2 アクセサリー販売＆制作講座で会社の給料越えの収入 283
CASE 3 イベント主催×恋愛コンサル×映画制作業を楽しむモテアラフィフ独身男性 284
CASE 4 趣味で始めたキックボクシング×ヨガイベントが大盛況！ 286
CASE 5 建築家をしながらＤＪ活動！ 音楽を通じた出会いが広がった 287
CASE 6 アウトドアサークルを結成して運命の女性と結婚 288
CASE 7 健康テーマの「コラムニスト連載デビュー」、ペンネームで活動 289

CASE 8　会社に許可をとりビジネス書作家になった広告マン　290
CASE 9　印刷会社役員を務めながら有名ファッション誌のモデル業を楽しむ男性　291
CASE 10　会社員時代に「エッセイスト・著者デビュー」結婚・出産後のキャリアを形成　292
CASE 11　経営コンサルタントをしながら自然の中で古民家リトリート施設を運営　293
CASE 12　結婚式場に勤務しながら自身のメイクアップスタジオを運営　294
CASE 13　人材紹介会社に勤務しながら「パラレルワーク実践・啓蒙活動」　295
CASE 14　勤務先の公認で「人生絵本づくり」のライフワークを展開　296

おわりに　299

第1章

あと何年、モヤモヤと“迷い”続けますか?

一生「理想の自分」に
なれないまま、
終わりますか？

本章は、心のモヤモヤが“和らぐ章”です。
あなたが抱く「このままでいいのか？」「もっと自分らしい生き方をしたい」などの葛藤に寄り添い、「心」を解きほぐします。「やりたいこと」に出会い、本当の生き方に出会う前の“心のストレッチ”としてお楽しみください。

1-1

「自分に正直になること」を怖がっていませんか？

自分の「内なるロマン」に耳を傾けてみる

「世の中甘くないぞ！」
「社会人の自覚を持て！」
「早く一人前になりなさい」

そんなふうに親や上司、先輩から言われたことはありませんか？　私などは20代の頃、しょっちゅう言われていました。

そのたびに「甘い考えを捨てて、社会のシステムに自分を厳しくなじませないと！」と身を律したものです。たしかに、それは、「仕事をコミットする機能」を習得するために必要なことです。しっかりと「事」に仕えて、お金を得るための禊《みそぎ》とも言えるでしょう。

違う自分がつくられる

この過程で「違う自分がどんどんつくられる違和感」を感じることがあります。目の前の仕事が、自分の「好き」「センス」「ポリシー」「世界観」に合致しない場合です。

しかし、多くの人が、違和感を放置したまま、日々の仕事にどっぷりと浸かっていきます。やがて、時間の経過ともに「自分らしい感覚」をすっかり忘れてしまうのです。

これぞまさに「好きなこと」も「やりたいこと」もわからなくなり、“違う自分”“違う人生”がつくられてしまう典型的なパターンです。

やがて多くの人がその間違いに気づき、目を覚まします。それはたとえば以下のような時です。

- **仕事に挫折した時**
- **楽しそうに生きる人を見た時**
- **好きな仕事をしている人を見た時**
- **成功している友人を見た時**
- **後輩に出世を追い抜かれた時**

人生をあわてて振り返るのですが、凝り固まった頭で考えても、良い答えはなかなか出てきません。考えが浮かぶたびに「あれはダメだ」「これは常識的じゃない」と自分で“火消し”してしまい、空っぽの状態に逆戻りです。

そしてモヤモヤと生き方に悩んだ末、「人生こんなもんか……」とあきらめの境地に達してしまうのです。

解決法

内なる想像・妄想・ロマン・現実逃避を“肯定”する

今よりも充実した人生を歩むためには、「思考のブレーキ」を取り外すことが必要です。

さらには、自分の中のオリジナルの「想像」「妄想」「ロマン」「現実逃避」「憧れ」の感情の片鱗を大事に拾い上げ、それを大切に“温める”のです。

もしもあなたが、次のようなロマンを心の中に描いたとしましょう。

- **もしも、読書好きメンバーででレトロなカフェに集まって読書会をしたら……。**
- **もしも、瞑想や座禅好きに向けて座禅を楽しむサイトをつくったら……。**

・もしも、アクセサリーブランドをつくってネット通販できたら……。

次にあなたがやるべきことは、これらの妄想をどんどん膨らますことです。

会社の仕事だけに使ってきた「主人不在」の脳に「自分という主役」を立たせ、「自由に妄想する権利」を与えるのです。

「バカげている」「恥ずかしい」「自分に正直になることが怖い」それらの壁を壊し、どんどん個性的に歌《か》舞《ぶ》くことを楽しんでみてほしいのです。

世の中は“過去の常識”を壊して生まれたものばかり

世の中に今ある文化、技術、芸術のすべては、強烈な個人の発想が、過去の常識を壊して生まれたものばかり。それが人々に育てられ、認められ、定着したものばかりです。

すべてのパイオニアたちは、いつも「想像」「妄想」「現実逃避」「憧れ」からスタートしているのです。もちろん今はパイオニアを目指さずとも、せめて「よりよく生きるために、自由にそして個性的に発想する権利」を自分に与えてほしいのです。

ポイント

▶ 自分に正直になった人しか「本当の自分」になれない。
▶ 小さな「憧れ感情」を否定しない。
▶ 子どもの頃のような感覚になってみる。
▶ 非常識だね！と言われる発想を楽しむ。
▶ 自分を脳内で自由に泳がせる。

常識を壊そう

・「自由な発想でうまくいっている人なんかいない」という誤解を捨てる。
・「特別な才能がない人は夢を見てはダメ」という思い込みをやめる。

まとめ

脳内の「思考のブレーキ」を破壊する。

ワークアウトしよう

Q：自分の「妄想」「ロマン」にブレーキをかけるキーワードを書き出してみて！

例）「お金も稼げていないのに！」「会社の仕事でミスばかりなのに！」
「一児の父なのに」「もう来年 40 歳なんだから！」
「失敗したらかっこ悪い」「友人にバカにされそう」

※これらをすべて破壊してしまいましょう。

1-2

「生きていてワクワクしない病」を吹き飛ばす

"憂鬱な流れ"を「意図的にまず壊す」

あなたは今、"どの程度"「生きていて面白くない」「ワクワクしない」と感じているでしょうか？　実は私の場合は、20代の頃、就業時間中ずっと「面白くない！」と感じていたものです。

「生きていてワクワクしない病」には2つの要因があります。

1.「ONの非充実によるもの」
2.「OFFの非充実によるもの」

ONとは「仕事時間」のことで、OFFは「仕事以外の時間」です。このどちらか、あるいは両方に「ワクワクしない原因」が存在することで、人生のワクワク度は低下してしまいます。

では次に、あなたの人生が「ワクワクしない原因」をチェックします。該当するものに○をつけてみましょう。

ONの非充実度チェックリスト

□ 会社で理不尽なことを言われストレスを感じる。
□ 怒りを殺してつくり笑いを演じることがある。
□ いつも自尊心が傷つけられる。
□ 仕事がつまらなくて、意義を感じない。
□ 得意な仕事をしていない。
□ 好きな仕事をしていない。
□ 人間関係が劣悪。

□ 会社で孤立している。
□ 給料が不満。
□ １日を終えても何の充実感も感じない。
□ 会社に行くのが憂鬱。

いかがでしたか？　４つ以上当てはまった方は、「仕事中の幸福度が低い可能性」があります。タイムマシーンがあったとしても、子どもの頃の自分に、「今の仕事中の自分を絶対に見せたくない！」のが本音ですよね。

次に、「OFF の非充実度」についてチェックしてみましょう。

OFF の非充実度チェックリスト

□ 会社と家の往復だけになっている。
□ 没頭できる趣味・遊びがない。
□ 語りあえる友人がいない（少ない）。
□ 友人仲間が集うコミュニティが１つまたはゼロ。
□ 人間関係のトラブルが多い。
□ 周囲にネガティブな人が多い。
□ 恋人や伴侶が欲しいのに見つからない。
□ 家族とうまくいかない。
□ 健康を害している。
□ 孤独感を感じている。
□ 小さなことでイライラする。

いかがでしたか？　４つ以上あった方は「プライベートの幸福度が低い可能性」があります。

手遅れ状態になる前に

ON と OFF の 2 つの診断の結果、合計が 8 つ以上の方は、「生きていてワクワクしない状態」が年々悪化する可能性があります。このまま放置することで「ワクワク」を感じる感受性までもが退化してしまい、手遅れ状態になってしまう可能性があります。

解決法

衝動的に「ワクワクアクション」に踏み出す

「人生なんて辛いもの。ワクワクしないのは仕方ない」などと諦めないでください。次のアクションで、まずは「小さなワクワク」を取り戻しましょう。「ワクワク」を感じるための「筋トレ」や「ジョギング」だと思って、ぜひお試しください。

❶ 鏡に映った「死んだ魚の目の人＝自分」と見つめ合う。
❷「その表情、違うよね？」と鏡に映った顔に語りかける。
❸ 勢いよく口角と眉毛をキッ！と上げ、「ワクワク表情」を鏡に映す。
❹「何をすればそんな顔で過ごせる？」と自分に問う。
→「すぐできるワクワク行動」を１つ考えます。
例)・衝動的に映画を見に行く。
・衝動的に 40 キロ離れた海や山に行く。
・衝動的に駅前のスタンディングバーで１人で飲む。
・衝動的に服を買いに行き、試着する。
・衝動的に友人を食事に誘ってみる。
・衝動的に会いたかった人に連絡する。
❺ １秒以内に行動に移す。

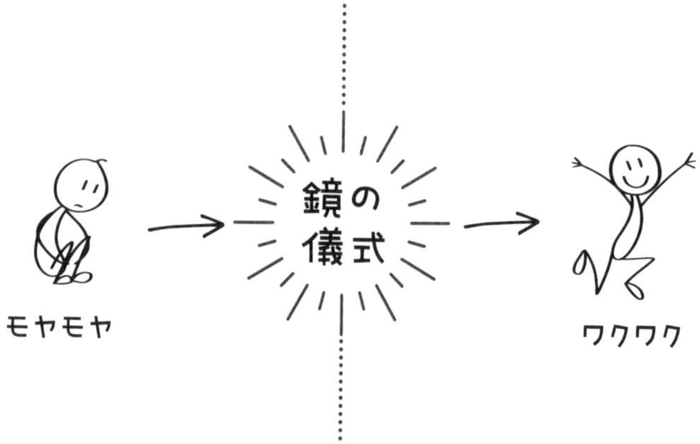

１秒で分断！

思い浮かんだことを１秒で行動に移してください。その瞬間、「ワクワクしない流れ」が分断され、「ワクワクの波動」が流れ込みます。鏡でつくった「ワクワクの表情」に引っ張られ、人生シナリオが小さく軌道修修正されるのです。この「超積極的な現実逃避」を確信犯で実行します。

ポイント

▶「今」を壊す。
▶ **負の努力を捨てる。**
▶ 心の周波数を明るく変える。
▶ 鏡に映したワクワク顔に引っぱられてみる。
▶ 行動が浮かんだら１秒後に動く。

常識を壊そう

・努力を中断する。
・破壊的でいい。

・目先の損害は捨て置く。
・不良になる。
・「逃げていい」「投げ出していい」。
・確信犯で行う。

まとめ

鏡に「ワクワク顔」を映し、“１秒後”に家を飛び出す。

ワークアウトしよう

Q：鏡の儀式の１秒後、どんなワクワクアクションをする？
例）電車で川まで行き、堤防を40分ウォーキングする！

※“生きていてワクワクしない病”は何度でも吹き飛ばせます！

1-3

「好きなことがわからない人」が7割

まずは「好きなことを見つけるぞ」と思うだけでいい

私は普段、講演会の会場でよくこんな質問を投げかけます。

「この先、やってみたいことは何ですか？」

すると、なんと6～7割の方が「いえ、わかりません」「急に聞かれてもわかりませんよ（笑）」と、気まずそうに答えます。

「やりたいこと」や「好きなこと」が明確な人なら、「自分の人生を生きていないじゃない!?」と驚くはず。でも、今の日本社会では、「好きなこと」「この先やりたいこと」が即答できない大人がスタンダードなのです。

ですから「やりたい」「好き」がなくても、「自分はダメな人なんじゃないか？」などとは思わないことです。あなたの会社の上司も、昔からの友人もみんな、“だいたい”そうなのですから。

「好きなこと」は別腹

以前、東大卒で経産省で働く30代の男性が「人生の目標がわかりません。何のために生きているか？　好きなこともないんです」とこぼしていました。

誇り高きエリートであっても「やりたいこと」が存在せず、鬱々とした日々を過ごしているのです。会社を売却してFIREして手元に10億持っていても、「生き甲斐がない」ことで精神不安定になる人だっています。

どんなに優秀な成功者でも持っているとは限らない「別腹の宝物」、それが「人生を賭けて本当にやりたいこと」「好きなこと」なのです。

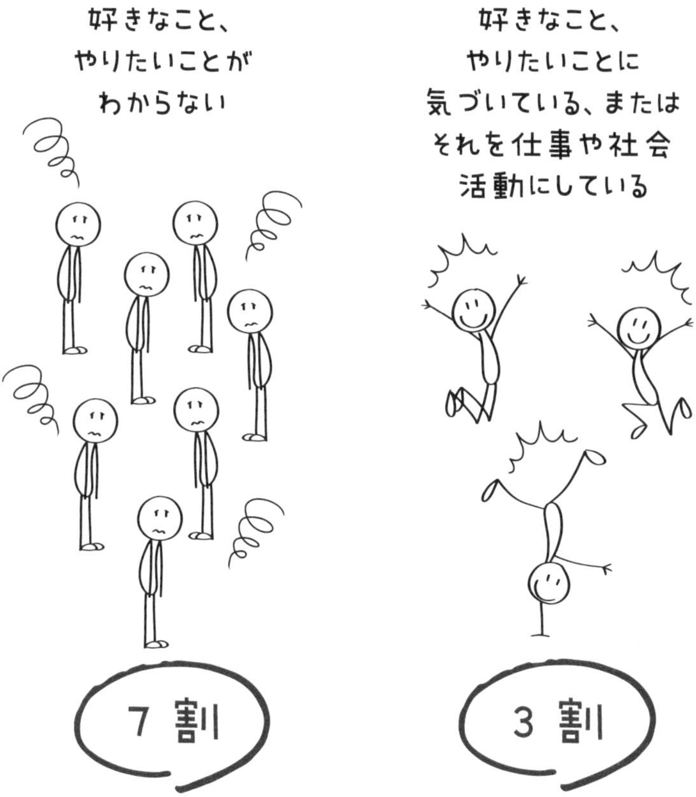

解決法

気まぐれに憧れ感を抱いてみる！ 妄想してみる！

　まず、今の日本の社会は「好きなこと」「やりたいこと」がはっきりせず、人生探しを続ける人のオンパレードということを認識し、でも、そんななかで「自分は幸せな生き方を追求するぞ」と淡く、ゆるく、憧れを抱くことから始めてみてほしいのです。
「みんな好きなことがわからない！　それが普通。でも自分はそこから抜け出し、好きなことを見つけてイキイキ生きたい！」
　最初はなんとなく思うだけでいいのです。ただし「今日から俺は目標を持って生きる！」と気負いすぎるのは×。それでは「こじつけ」になり苦しくなってしまいます。
　まずは「好きで得意でやりたいこと」で輝いている人の話を聞いたり、ネットで読んだり、雑誌で見たりして素直に“感情を動かす”。そんな小さな一歩からでいいのです。

ポイント

▶自分は夢の１つもないのか？と自分を責めない。
▶「みんなみんな「好き」がわからないんだ」と、まず安心する。
▶「好き」「得意」で「楽しそうに生きる人」の存在を知る。
▶「理論的すぎる自己分析」で自分を「枠」に押し込まない。

常識を壊そう

・エリート・高学歴・金持ちでも「ワクワク幸せ」とは限らない。
・「好き」「得意なこと」は“すぐには見つからない”（時間がかかります）。
・「答えは自分の中にある！」という誤解を捨てる（外にあります）。

まとめ

「やりたいこと」「好きなこと」など、わからなくて当然。
１秒後から「宝探しの旅」の計画を立てればいい。

ワークアウトしよう

Q：今のモヤモヤを言葉にあらわすとどうなりますか？

例）「毎日つまらなくて、生きている意味がわからない」

「好きで得意なことをしてイキイキしている人がうらやましい」

Q：１秒後から「どんな感情」になれたらハッピーですか？

例）「小学生の夏休みのような気持ちになりたい」

「今日は何しようか？というワクワクする気持ち」

1-4

居場所がない会社で「毎日働く理由」はなに？

「イヤイヤ働くだけ」で1日を終わらせない

　ここでまた質問です。
　あなたが会社に毎日通う理由は何ですか？
「お金がないと生活できないから」「働かないとダメ人間になるから」「家族を養うために仕方ないから」、そのような「義務感」からでしょうか？
　あるいは、「仕事にやりがいを感じるから」「仲間に会うのが楽しみだから」「たくさん稼げるから」といった「能動的理由」からでしょうか？
「義務感と能動的理由」の両方が“混在”している方も多いと思います。
　もしも「会社で働く理由」が前者の「義務感」だけで、喜びも達成感もなく、人間関係も劣悪だとしたら──「会社に自分の居場所はない」と感じてしまうものです。

会社のトイレで鏡を見られなかった

　私も、20代の頃、転職2社目の会社でそう感じていました。
「こんな不毛な気持ちで過ごしていいのか？」「自分は成長していないな」と思いながらも「こういう服役期間みたいな時間も必要なんだよ」「自我を殺す修行の場なんだろう」と、無理やり意味付けをしていたものです。
　会社での自分が大嫌いで、トイレの鏡に顔を映すのも嫌でした。就業時間中ずっと、偽りの嘘くさい自分に、嫌悪感を抱いたからです。

それでも、私は毎日ノコノコと出社しました。

なんのためか？　「お金のため」です。仕事を失うのが嫌だから、仕方なく会社に通ったのです。

過去の私と同じ境遇の方は、今のうちに手を打つ必要があります。

そのまま放置すると、あなたの生きる希望は完全に消えてなくなり、生きる意味さえ感じられなくなってしまうからです。

これは大げさに言っているのではありません。

好きなことも、得意なことも、楽しい感覚も全部なくなってしまう人生は本当に淋しいものです。

ここで大切なことを１つ。

日々を「自分を殺して耐えるだけ」で終わらせずに、視点を少し「外側」に向けてみませんか？

家でもない会社でもない「サードプレイス」に視点を向けるのです。

解決法

会社は「楽しみ維持」のための"出稼ぎ場所"と考える

会社が嫌で仕方がない！　もしそうなら、「成果が出るように努力する」「転職する」「独立する」「契約社員になる」などの選択肢があります。

でも、これらはなかなかハードルが高く、今すぐ「何とかできる」ことでもありません。しかも、どこの会社に行ってもストレスはつきものです。

ではどうしたらいいのか？

答えはとてもシンプル！

「会社外でワクワクできる時間をつくる」ということ。

ワクワクする遊び、学び、仕事、社会活動を見つけて、生き甲斐にしてみればいいのです。これにより、「嫌なこと多き会社が、楽しい世界を維持するためのライフライン」に変わります。心の中の主従が変わることで気持ちがとてもラクになるのです。

多少嫌なことがあっても、仕事が嫌いでも、上司と気が合わなくても、社外に「楽しい世界」が待っていると思えば、前向きに生きられます。

私も20代の頃、イベント主催活動を社外の仲間とやり続けました。その“楽しい生活の維持”のために「会社に出稼ぎに行っている！」と割り切っていました。その結果、会社で起こる嫌なことも、客観的に無感情で受け流すことができるようになったのです。

ポイント

▶ 社外の楽しい活動に意識を向ける。

▶「楽しい活動」のために「嫌な会社」を耐える。

▶ 会社は「ただの活動資金調達の場」と割り切る。
（会社環境のすべてがミスマッチの場合）

常識を壊そう

・会社がメインで、社外がサブという思い込みを捨てる。

・出世できなければ意味がないという思い込みを捨てる。

・会社だけが唯一の居場所ではない。

まとめ

会社が地獄なら、社外に視点をずらせ！

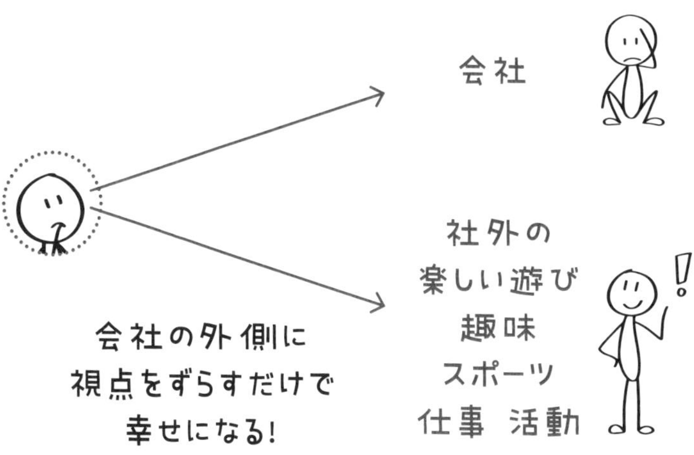

ワークアウトしよう

Q：今の会社（仕事）を辞めたいと思う瞬間は？　そして解決策は何ですか？

例）上司から理不尽な攻撃にあう。解決法：人事部に密告して戦う。

※今の状態を知り、人生づくりに活かしましょう。

1-5

「得意なことがわからない」まま生きるとどうなるか？

「間違った方向」に努力をするので成果が出にくい

世の中には「得意なことに気づける人」と「得意なことに気づけない人」がいます。

得意なことに気づけている人は、生き生きと充実した人生を過ごすことができ、より多く稼ぐこともできます。

一方、得意なことに気づけない人は、霧がかかったような状態で過ごさざるを得ないのです。

得意なことがわからないまま生きると、具体的にどのような弊害が生じるのでしょうか？

まずは仕事全般からは以下のことが言えます。

・努力がなかなか実りにくい。
・イニシアチブを取れない。
・仕事に自信が持てない。
・自分の価値を感じられない。
・業務時間の８割眠くなる。
・仕事しているフリをする。
・出世できない。
・稼げない。
・信頼されない。

次に自身の内面においてはどうでしょうか？

- **自分を好きになれない。**
- **毎日楽しくない。**
- **虚無感を感じる**
- **あきらめ癖がつく。**
- **コンプレックスが強くなる。**
- **周りに合わせすぎて本当の自分がわからなくなる。**

などの弊害があります。

一目瞭然！　**「得意なこと」に気づいたほうが、断然、人生が良くなります**よね。

ところが、多くの人が「自分の得意なこと」になかなか気づけないのです。その証拠に「やりたいことの見つけ方」「自分の強みの探し方」などの書籍が大人気で、強みを見つけて、本職の仕事に活かそうとする方々が大勢います。

本著も、本当に「得意で好きなこと」を見つける本なのですが、少し異なるのは、**会社でも家でもない場所「サードプレイス」で、楽しく「アソビジネス」をする方法**が書かれているという点です。

ぜひ、会社では表現できない「自分らしさ」をビジネスや社会活動で表現し、承認欲求や自分の存在意義もフル満タンにしてください。

本当に得意なことを、サードプレイスで自由に表現することで、多くの成果と達成感を得ることができます。活動を通じて、友情・恋愛などの絆も築くことができるのです。

解決法

過去体験だけを振り返っても「得意」は見つからない

得意探しをする際に、「過去体験」からヒントを探すのが一般的です。過去に「夢中になったこと」や「人よりも良い成果が出たこと」から探るのですが、「過去体験」が乏しい人は、そもそも「選択肢」が不足しています。つまりそこから「得意なこと」を断定するのは少々危険なのです。

もしも、これまで思うように行動ができていなかったら？　健康を害していて様々な体験が少なかったら？　コロナの影響で社会体験ができていなかったら？　過去に存分に行動体験が積めなかった方は、そもそも「検証データ」が少なすぎて“得意なこと”を判断できないのです。

ですから、しっかり「未来体験」をして、その中から「得意なこと」を見つける必要があります。

未来体験とは、これからあなたが体験する様々なことです。

「近郊100キロ圏内の温泉を巡ってみる」「海辺の漂流物を拾ってアクセサリーをつくってみる」「友人を集めて少人数で講座を開いてみる」「テーマを決めて1か月だけブログ発信してみる」「オンラインセレクトショップを試しにやってみる」などなど、楽しみながら経験を積むということです。

過去の限られた経験の中には存在しなかった「胸躍る得意分野」との出会いの瞬間を楽しむのです。

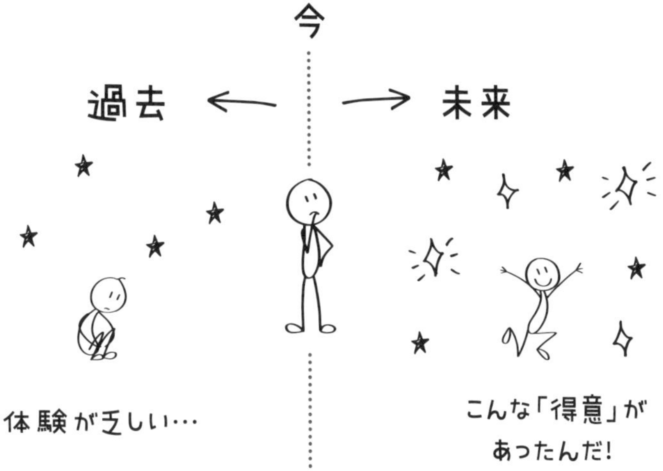

得意な分野を過去と未来から探る

ポイント

▶「過去の乏しい体験」の中に「得意」は存在しない。
▶「新しい行動」を経て「得意」は見つかる。
▶ 複数の「新しい行動」を“遊び”のつもりで楽しむ。

常識を壊そう

・過去体験に「得意のヒント」が眠っている→未来体験にこそ存在する。
・得意なことは自分の内側にある →実は外側にある。

まとめ

「小さな未来体験」を小刻みに複数楽しむ。

ワークアウトしよう

Q：今、やってみたい未来体験を５つ以上書き出しましょう。

例）３キロ痩せる、里山トレッキング、座禅、書店スタッフ、心理カウンセラー、お見合いサポーター、ハンドメイドアクセサリー、ネットショップ、講師、異業種交流会で憧れの職業の人と仲良くなる、コンテストに応募する、読者モデルに挑戦する、など

※小さな憧れを言葉にする勇気を！

1-6

仕事に「やりがい」を感じないのはなぜ？

私たちは「世の中」を知らないまま、突然「就職」した

「仕事が面白くない」「やりがいを感じない」「成長できているとは思えない」

20代当時、会社員だった私は、いつもそんなことばかり言っていました。あなたの周りにも、似たような愚痴をこぼす人がいませんか？

なぜ多くの人がこうなってしまうのでしょうか？

仕事にやりがいを感じない原因は、十中八九、職業のミスマッチです。

そもそも私たちの多くは、世の中にどのような職業が存在するのかを知らないまま、就職活動に突入します。会社のホームページやパンフレットを見て、なんとなく面接を申し込み、“たまたま採用された会社”になんとなく就職をします。このような過程を経て、職業とのミスマッチが起こらないわけがないのです。

私たちの多くは、小学校1年生から大学生までの16年間、将来の仕事とはほぼ関係ない勉強に時を費やし続けます。

そして突然、最後の1年間で「会社研究しましょう」となり、インターン先を除いては、まったく知らない会社の面接を受けまくります。さらにはたまたま採用してくれた企業に勢いで入社。こんな笑っちゃうようなシナリオで私たちはフレッシュマンデビューをしてきました。

こんな「雑な職業選び」の結果、仕事が合わず「やりがいを感

じない」のは、“当たり前の結果”です。もちろん、希望の職種に就職し、やりがいを感じ続けるという人もいますが、それは相当ラッキーな一握りの人たちなのです。

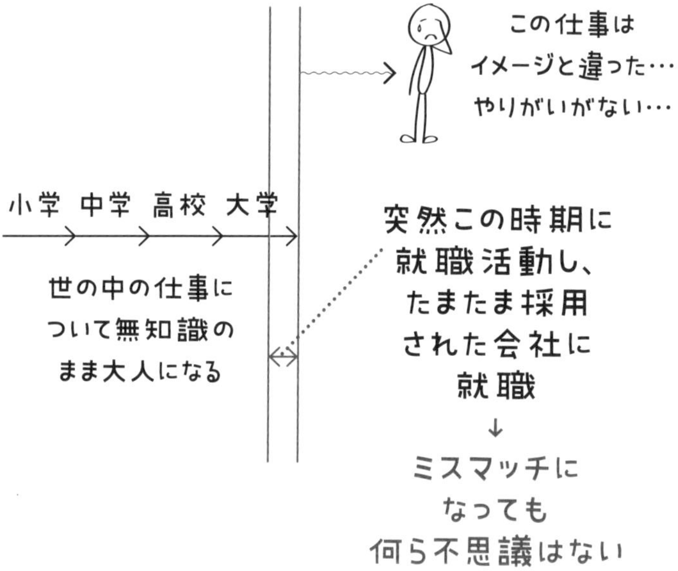

解決法

まずは世の中の「全職業」を知ること

　仕事に「やりがい」を感じることができれば、人生も「生きがい」で満ち溢れます。

　仕事にやりがいを感じるための方法は次の４つです。

- **能力を身につけて成果を出し、会社・職場でイニシアチブをとること。**
- **自分に合った会社に転職すること。**

・会社から独立して「好きで得意な仕事」をすること。

そしてもう１つ。

・しっかりお金を稼ぐこと。

しかし、もしもこの４つとも「無理！」と思えてしまう時は、どうすればいいのでしょうか。そんな時こそ「サードプレイス」に目を向けてください。

「会社でも家でもない第３の場所で、本当に自分が好きで得意な仕事をする」のです。

そのために、次の実験をしてみてほしいのです。

１．ネットで世の中の全職業一覧を見る。

２．気になった職業をさらに深くネット検索してみる。

３．気になった職業についてボランティアで手伝ってみる。

職業をたった１つに絞らずに、５つか６つあえて複数経験してみてください。私も会社員時代、実際に以下のことをアルバイトまたは、無報酬で行ってみました。

・クルージング事業の雑用係

・旅行会社のお手伝い

・新聞記者の張り込みの雑用

・講演会のお手伝い

・テレビのアシスタントディレクター兼雑用

・雑誌のネタ集めの手伝い

・ダンスイベントの主催

・広報ＰＲのお手伝い

この実験により「やっぱり合わないな」とか「もっと深く知りたい」といった取捨選択ができ、未来の選択肢が増えていきました。

もちろん、これらの「アソビジネス」に「やりがい」を感じ、生きる意味を噛みしめることもできました。会社仕事では得られなかった満足を得られたのです。

ポイント

▶「世の中の全職業一覧」を見る。
▶ 気になった職業を深く知る。
▶ 土日に職業体験してみる。

常識を壊そう

・会社でしっかりがんばる→社外でもっと活躍できる場所を探す。
・能力がある、ない→合うか合わないか、好きか嫌いか。
・バイト面接を受ける→ボランティアでお手伝いを願い出る。

まとめ

会社仕事がやりがいゼロなら「社外仕事」を探してみる。

ワークアウトしよう

Q：今の会社仕事に不足している満足感は何ですか？
例）仲間同士の前向きな会話、達成感、誇り、自分らしさ、報酬

…………………………………………………………………………………………

…………………………………………………………………………………………

※毒を吐き出してしまおう！

1-7

「未来は、どうせ暗いに決まっている」って思ってませんか？

それは「挫折しやすい努力」を選んだ結果です

ある調査機関の調査によると、現在10代〜20代の若者の3人に2人が将来に不安を抱いているそうです。社会での挫折経験も少なく、希望に満ちているはずの世代が不安感情を抱いている──それが、今の“日本”という国です。

さて、30代以上はどうでしょう？

30代になると、それまでの「体験」により、自分の未来の可能性を推し量るようになります。そして大きく3つのタイプに分かれ始めます。

1．未来に希望を感じる：どんどん楽しむぞ！　稼ぐぞ！　世の中を良くするぞ！
2．未来も「まあ、こんなもんかな」：良くも悪くもない。そこそこ、ほどほど。
3．未来はどうせ“暗い”に決まってる：今までも不幸だった。これからもロクなことがない。

さて、あなたはどれにあてはまるでしょう？

この中で、一番多いのが「3．未来はどうせ暗い」と「2．こんなもんかな」症候群の間を、行ったり来たりする人たちです。

じつは私も20代はそうで、完全に2つの間を行ったりきたりしていました。

社外でのイベント主催活動では、だれにも負けない自信がありましたが、会社の仕事における未来は暗いだろうな……と、なかばあきらめていました。

この原因はどこにあったのでしょうか？
答えは単純！「職業の選択を間違った」ということです。
「とりあえず、採用してくれた会社で働く」という、間違った選択をしたことで、必然的に挫折感を味わい「未来は暗いし、まあ、こんなもんかな」という思考が生まれてしまっていたのです。

解決法

「憧れの仕事ごっこ」で道は開ける！

未来が明るいか？　暗いか？　それは「どんな仕事を選ぶか？」でほぼ決まります。もしも、自分にとって憧れの仕事を選べば「勝手に没頭」できてしまいます。その結果、集中力が高い状態で、長時間稼働し「成果」が出やすくなるのです。
そして「やりがい」を感じているので、失敗をしてもダメージを感じにくいのです。「これだけは譲れない！」と怒涛の執念でリカバリーします。
このような“ゾーン”に入れた人の未来は、“間違いなく明るい”のです。多少の苦労があろうと、少々収入が低かろうと、それはクリアすべきゲームの課題でしかなく、未来には希望しかありません。

では、具体的にどうすればいいのでしょうか。
まずは「憧れの仕事ごっこ」をしてください。
いきなり会社を辞めずに「社外」で憧れの仕事を試してみてほ

しいのです。失敗を恐れずに、まずは小さく試してみる。自分一人でも「憧れの仕事ごっこ」をしてみるのです。

僕は 20 代の会社員の頃、いつか本を書きたくて、へたくそな本の目次をつくったことがあります。体の底から湧き上がる熱情を、深夜の海辺のファミレスで文字に落としました。至福の瞬間でした。興奮しすぎて朝になってしまい、朝焼けの水平線に未来への希望を馳せたものです。

タイトルは、くしくも「脱・会社人間宣言！～あなたが会社の一部ではなく、会社があなたの一部なのです～」でした。その後、これまでに 70 冊以上の本を書くわけですが、この時の“ごっこ”が原点になったことは言うまでもありません。

ポイント

▶ 未来は自分の選択次第で明るくできる。
▶ 未来の幸せは「努力（仕事）選び」が 9 割。
▶ 朝まで没頭できたことに宝が埋まっている。

常識を壊そう

・不況だから未来も暗い→不況でも輝く人は輝く。
・努力が足らなかった→選択が間違っていた。
・いきなり転職→「憧れの仕事ごっこ」をする。

まとめ

正しい「努力選択」をすれば未来は明るくなる。

ワークアウトしよう

Q：今までどんな挫折をしてきましたか？

例）就職活動失敗、会社で人間関係がうまくいかない、収入がずっと低い

Q：どんな選択ミスが原因でしたか？

例）大手マスコミしか受けなかった、まじめキャラの職種に就職した、縮小傾向の分野かつ孫請け会社に就職した

※大丈夫！　選択肢が変われば未来は明るくなる！

1-8

モヤモヤ生きる人は孤独病になりやすい

モヤモヤを放置してはいけません!

誰でも「モヤモヤ」と悩むことがあります。悩まない人など、いないと言ってもいいでしょう。

でもこのモヤモヤが長期になると、「後ろ向き思考」が定着してしまいます。

仕事が楽しい、やりがいがある、あるいはプライベートが充実しているならば、心配はないでしょう。

でも……

1．会社の仕事がつまらない。
2．オフタイムも楽しくない。

上記に該当する人は、心に「不安感情」や「イライラ」が居座り、脳内には「不安物質」がこびりつきます。

［モヤモヤ弊害❶］出会いが“おっくう”になる

“モヤモヤ”は、出会いの場を遠ざけます。

自分は「どうせ楽しく話せない」「場違い」「お金がない」「ダサい」から、「相手を退屈させる」と思い込み、ますます出会いが減っていきます。

「たいした仕事じゃないから人脈をつくっても仕方ない」「依頼を受けても失敗してトラブルになる」と、仕事人脈づくりにも消極的になってしまいます。

［モヤモヤ弊害❷］出会っても相手の心を掴めない

モヤモヤとしているので、出会っても良いつながりがつくれません。

「暗い」「後向き」「魅力を感じない」といった印象を相手に与えてしまいます。

仕事においても「仕事ができなさそう」「やる気がなさそう」といった印象を与え、「一緒に仕事をしたい」と思われない傾向が強くなります。

モヤモヤ放置により、人はますます“孤独人間”になってしまうのです。

ここで重要なことがあります。

それは「孤独は簡単に人を壊す」ということ。

孤独感に蝕まれることで、人は、

1．被害妄想
2．妬み
3．イライラ
4．自信喪失
5．思い込み
6．保身のためのマウント
7．弱みを見せられない

などの思考・感情を持つようになります。「こじらせ系」と言われる人になってしまうと、人離れはさらに進み、無縁社会の住人になってしまう可能性もあるのです。

解決法

「しっかり遊ぶ」「好き仕事ごっこをする」の2つ

さて、ではこの「モヤモヤからくる孤独病」による人生破壊をストップするにはどうしたらいいのでしょう？
答えは、ものすごくシンプルでたった２行で済みます。

1．オフタイムで友人と遊びで完全燃焼する。
2．オフタイムで友人と「好き仕事ごっこ」をする。

まずは、友人と遊び、「楽しい」を共有してください。これにより自然に「健全な心の人間」に戻れます。
１か月先までの週末にすべて友人との遊びの予定を入れると、生きているだけで毎日がワクワクします。
その後に、「好き仕事ごっこ＝アソビジネス」をしてみるのです。
ワイン好きであれば、１か月後の週末に少人数でのワイン交流会を、読書好きであれば、読書サロンを開催する計画を立ててみてください。
これにより、「孤独」も「モヤモヤ」も中和され、あとは「上昇しかない人生シナリオ」が描かれるのです。

ポイント

▶ 一人で気を紛らわしても限界がある。
▶「楽しい」を他人と共有することで幸せになる。
▶ 好きな仲間と「好き仕事ごっこ」を小さく楽しめばいい。

常識を壊そう

・自分と、とことん見つめ合う→自分と対話しすぎると「偏った考え・感情」になる。

・読書をして、モヤモヤを解消する→行動しなければ境遇は変わらない。

・遊びに逃げたって駄目→「遊び」の中にこそ「本当の自分」がいる。

まとめ

モヤモヤはオフタイムでしっかり浄化する。

ワークアウトしよう

Q：遊ぶなら、誰と、何を、どこでしたいですか？

例）大学時代の友人Ａ君と１キロダイエットを目指す海岸線ウォーク

Q：友人と「好き仕事ごっこ」するなら何をする？

例）なんちゃってYouTube発信、交流会の主催、ダイエットトレーニングの体験レッスンの先生

1-9

副業ブームの功罪とは？

「副業」で"薄幸"になる理由

2010年代初頭まで、副業はマイナーな"地下活動"でした。バレれば「所属企業への背任行為」として処され、「よっぽどダメな人」か「よっぽどデキる特権階級」のための「特殊工作活動」と認識されていたのです。

唯一、会社員に許されたのは「株」や「不動産」の運用だけ。これらは労働ではないので、公務員でも普通にやっていたようです。

しかし、時代は「副業解禁」へと急転換！

2018年、政府が「副業解禁」を宣言したことで、その年は「副業元年」と名付けられました。会社でも家でもないサードプレイスで「副業」に挑戦し、そこに希望を見出そうとする人が急増しました。

「もっとお金が欲しい！」という人が「ネット通販」「転売」「不動産」「株」「イベント」「セミナー」などの「起業系副業」を始めたり、あるいは"アルバイト"として「会社とは別のもう1社に雇用される」という例もありました。

副業人口が急増する一方で、こんな悲劇が生まれ始めています。

- **会社仕事で「疲れる」＋副業でもさらに「疲れる」＝生きることが"ただ辛い"**

という現象です。

2021年当時、この状況がネット記事でも取り上げられ、「副業ブラック」として話題になりました。
“微々たる収入増加”と引き換えに、次のような状況に陥る人が増えたのです。

・副業で疲れて、本業の会社仕事でミスを連発
・副業している間、出会いもなく、恋愛もできない。婚期も逃す
・友人とも会えず、孤独になる
・「奴隷生活」のようで、セルフイメージが下がった
・疲れとストレスで体調を害した

などです。
安易にお金のために副業をすることで不幸になった——
「副業」は生きることが辛い人も生み出したのです。

解決法

世界一楽しくて幸せになれる「副業」を選ぶ、創る!

あなたは今、やりたいことを見つけて、それを「アソビジネス」として発展させ、「楽しい第3の場所をつくる」ため、「自己表現を楽しむため」に本著を読んでいます。
そこに立ち返り、会社でも家でもない「サードプレイス」で何をすべきかを丁寧に考えてみましょう。
本著では、

・遊び感覚で
・昔からの夢や憧れを
・リフレッシュしながら
・素敵な仲間と出会いつつ
・自分を大好きになりながら楽しむ

ことをモットーにしています。つまりこの条件に当てはまらない副業は、絶対に選んではいけないのです。

「雇用される」にしろ「自営（起業）」で小さく始めるにしろ、「楽しくて楽しくて、思わず人に言いたくなるもの」を選ぶ必要があります。

ポイント

▶「夢が膨らむ副業」と「ボロボロになる副業」がある。
▶「楽しくワクワクする副業」以外やってはいけない。
▶「魅力的仲間」が増える「副業」を厳選する。

常識を壊そう

・副業で稼げればパラダイス→「好きで得意な副業」をしないと地獄。
・副業は「お金」を稼ぐだけの手段→自己表現の舞台。

まとめ

副業は世界一楽しくなるためにやる。

ワークアウトしよう

Q：周囲で副業をして、楽しそうな人の名前を書き出しましょう。

…………………………………………………………………………

…………………………………………………………………………

…………………………………………………………………………

…………………………………………………………………………

※誰もいない場合は「副業」「幸福度」などで検索してみよう

1-10

人生の後悔1位は「もっと自分らしく生きればよかった」

もっと「自分の気持ち」に正直になっていい

高齢の男女に“人生の後悔”について質問すると、「もっと自分らしく生きればよかった」と多くの人が答えるそうです。

- **もっと正直に自分の意見を言えばよかった**
- **好きな仕事をすればよかった**
- **もっと楽しく生きればよかった**
- **健康に気を遣えばよかった**
- **もっと恋愛に生きるべきだった**

多くの人が、このような後悔を抱きながら生涯を閉じるといいます。

今本著を読んでいるあなたは、「後悔しない生き方」の大切さに気づき、人生を変えようとしているのだと思います。

そして、その願いは、あきらめなければ必ず叶います。

今から視点を変え、労力を注ぐ対象を“シフト”するだけで、あなたは必ず「生きることを楽しむ毎日」を手に入れることができます。

解決法

会社と家庭は変えられなくても「サードプレイス」は変えられる

「人生を変えたい！」

「自分の人生はこんなもんじゃない！」

「今とは違う景色の中で生きたい！」

これが今のあなたの心境だと思います。

しかし、それを阻む壁は容赦なく立ちはだかります。

- **仕事を変えれば面白くなるが、転職は簡単にできない**
- **もう子どももいるし、養っていかなければいけない**
- **趣味や遊びを充実させたいがお金がない**
- **何をしたら充実感を感じるかわからない**
- **好きなことも、得意なこともわからない**

これらの「動かせない現実」によって、けんもほろろ、“あきらめの日々”に引き戻されてしまう人がほとんどです。

しかし、ここであきらめないでください。もっともっと柔軟に考えてみましょう。

・仕事を変えれば面白くなるが、転職は簡単にできない。

→社外のサードプレイスで「大好きな仕事」を、小さく始めればいい。

・もう子どももいるし、養っていかなければいけない。

→会社の給料と、サードプレイス・ビジネスの稼ぎで養えばいい。

・趣味や遊びを充実させたいがお金がない。
　→趣味や遊びのように楽しい“仕事”を社外ですればお金も入る。

・好きなことも得意なこともわからない。
　→サードプレイスで何でも挑戦すれば、「好き」で「得意」なものに気づける。

　私自身、20代～30代にかけてこれらを粘り強く行った結果、本当に「好きで得意なアソビジネス」に気づくことができました。
　私だけではありません。周囲の知人、友人、そして私の過去のイベントや勉強会に参加した多くの人たちも「本当の生き方」に出会うことができています。

　大切なのは「常識的な思考停止状態」にならずに、ほんの少し視点をずらし「非常識」に考えるということことなのです。

ポイント

▶ 他人本位の前に「自分本位」になってみる。
▶ サードプレイスならば「自分に正直」になれる。
▶「やって後悔」よりも「やらなくて後悔」のほうが辛い。

常識を壊そう

・エリートならば人生大満足→「好き」「得意」を活かせる時間がないと薄幸になる。
・まじめに耐えれば報われる→幸せになれる対象で努力しないと報われない。

まとめ

ほんの少し「非常識」になってみる。

ワークアウトしよう

Q：今すでにある人生の後悔は何？

例）好きな人に告白しなかった／やってみたい趣味が手付かず／自分の小さな会社を持ちたかった

※今までやりたかったけど“やらなかったこと”って何だろう？

1-11

すべての不安は「第三の場所」が解消してくれる

サードプレイスで、人生の「主演・脚本・監督」になる！

「あと何年、モヤモヤと迷い続けるのか？」

この章はそのことについて投げかける章でした。

あなたの「自分らしくない人生」「やりたいことが見つからない苦悩」「自分の人生への嘆き」に先回りして、ああでもない、こうでもないと原因を探り、寄り添い、そして「世界一楽しくなるため」の“考え方の方向性”を提案してきました。

ここで１つ言えることは、「すべての不安は、サードプレイスが解決してくれる」ということです。「サードプレイスこそが、あなたを完全な人間にしてくれる聖域」、そう言い切っても過言ではありません。

そもそも、会社のあなたは本当のあなたではなく、演じているので、自分を出し切ることなんてできません。

・楽しく遊ぶ場所
・好きで得意なアソビジネスをする場所

そんなサードプレイスこそが、失った自分らしさを取り戻してくれます。さあ、サードプレイスで「自分人生」の「主演・脚本・監督」になって感動作品を生み出しましょう。

解決法

サードプレイスでの「アソビジネス」で人生は変わる

今、したいこと、変えたいことを言語化してみましょう！

・お金：例）500万円の貯金をしたい。

→アソビジネスで楽しく稼げば遊びながらお金が貯まる。

・恋愛：例）趣味も合って、仕事も応援しあえる人とつきあいたい。

→楽しそうなアソビジネスをすれば、ノッてる状態でいい出会いが訪れる。協力者や顧客のなかから周波数の合う人と通じ合える。

・友人：例）旧友と集まりたい、新しい大人の友達もつくりたい。

→アソビジネスに巻き込めば旧交が温まる。みんなでやれば、新しい友人もできる。

・趣味：例）今年こそ、キャンパーとしてデビューするぞ！

→アソビジネスにキャンプの要素も入れればいい。

・仕事：例）好きで得意な仕事をしたい。

→会社仕事じゃないから何をしてもいい。ならばハンドメイドアクセサリーの通販をやりたい！

・社会活動：例）無縁社会をなくすために、出会いの場を提供したい。

→アソビジネスの要素もかぶせれば相乗効果。初心者向けハンドメイドアクセサリーづくりの会を開けばいい。

・生活全般：例）引っ越ししたい。

→アソビジネスで貯めたお金ですればいい。アクセサリーのパーツになる流木、貝、ガラスなどの漂流物が流れ着く海の近くに住む。

さあ、どうでしょう？　すべての望みを「アソビジネス」が効率の良いサイクルで叶えてくれることに気づけるはずです。

ポイント

▶「自分軸」で生きると“発想が自由”になる。

常識を壊そう

・遊びは遊び、仕事は仕事→遊びと仕事の境界線をつくらない。

まとめ

サードプレイスを塗り替えれば、仕事も人生も変わる。

ワークアウトしよう

Q：サードプレイスで何しよう？

例）まだ思いつかない……でも、人が集まって笑顔になるような交流会を月１回やりたいかも……

※感情のカケラを書き出してみて！

さあ、いかがでしたか？

今まで、心を縛っていた「常識」が壊れ、モヤモヤが少し和らぎましたか？　モヤモヤ解決の答えは、会社でも家でもない「サードプレイス」にあります。

次の章からは、さらに心の壁を壊し「流されライフ」から脱出する方法を解説していきます。自分らしい生き方を確立するための階段を一歩づつ上っていきましょう。

第2章

「流されライフ」から脱出するたった1つの考え方

「自分の壁」を壊さないと答えは出ない！

第１章では「生き方への迷いを解きほぐす“考え方”」について紹介しました。

第２章ではさらに、「心の壁」を壊し「やりたいことに気づくための考え方」を紹介します。「本当に好きで得意なこと」に気づき、サードプレイスのアソビジネスとして確立し、幸せになるための布石です。

あなたの「心の壁壊し」をしっかり、サポートしていきます！

それではさっそくいってみましょう。

2-1

あなたは「会社の一部」ではない！ 会社は「あなたの人生の一部」なのだ！

会社は“行き先不明”の恐怖の乗り物

「これ以上、流されたくない！」

「しっかり自分の人生を生きたい！」

そんなふうに思ったことはありませんか？　私などは、会社員時代に１万回くらい思ったものです。

さて、私たちが「流されてしまう最大の原因」は、何なのでしょう？　友人？　趣味？　YouTube?　答えはすべてNO!　じつは流される最大の原因は、あなたが今、身を捧げている「会社」にあります。

会社は、社会的責任を果たす重要な場所ですが、一度乗ったら最後！　行き先が違っても、なかなか降りられない「恐怖の乗り物」でもあるからです。

なぜそんなことが言えるのか？　会社は「あくまで他人がつくったビジネスの器」に過ぎません。したがって、そこで能力を存分に発揮できるとは限らないし、商品、サービスの内容や会社文化が生理的に嫌！　ということもあります。

「やばい！　心当たりが“ありまくり”だ！」

そんな方には、こんなセルフケアがお勧めです。まずは次のフレーズを声高らかに叫びましょう！

「私は会社の一部ではない！『会社』が『自分の人生の一部』なんだ！」

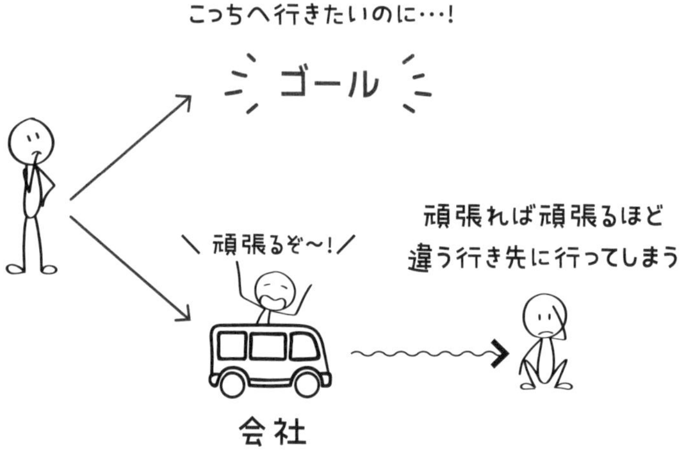

この１フレーズから人生の革命の一歩が始まります。無駄に流されない、本当の人生が始まるのです。

解決法

こびりついた「会社の思考習慣」を引きはがせ!

私の知人に、料理人になることが夢だった女性がいました。でも、彼女の夢は叶わず、ここ数年、派遣社員として「データ入力」をする日々を過ごしていました。

ところが、彼女は入力が不得意で、ミスを連発し、いつも怒られていたのです。とうとう彼女は「仕事ができない人」のレッテルを貼られてしまいました。その挙句、次のような“思い込み”

を持ち始めたのです。
「入力の仕事ができないなら、料理人になることなんか、もっと無理……」
これこそ「得意なこと」まで「できない」と錯覚してしまう悪例です。彼女は「不得意な仕事」の被害者とも言えるでしょう。
「行先の違う列車」から降りられずに、そのまま流されてしまった人の悲話です。
こんな「自己破壊行為」に心当たりがある人は、今すぐ対策が必要です。
会社を一歩出たら、会社でのセルフイメージを１秒で引きはがしてください。うまくいく方法として「高いビルの上から自分の勤める会社を眺める方法」があります。これで、会社でのマイナス体験は「無数のビルの一郭で起こった小さな出来事に過ぎない」と思えるようになります。
たまたま就いた仕事で、「自己評価」のすべてを下げてしまうことなど、あってはならないのです。
「会社」はどこまでいっても、「あなたの人生の一部」に過ぎないのですから。

ポイント

▶ 会社生活があなたを「望まない方向」に流し去る。
▶ 会社での評価は「全世界からの評価」ではない。
▶ 会社の常識は「社会の片隅での思考」に過ぎない。

常識を壊そう

・会社の方向が違っていたら人生を棒に振る。
・会社の仕事がネガティブな自己評価の原因にもなる。

まとめ

所属する会社は「人生の１ステージ」でしかない。

ワークアウトしよう

Q：今の会社は「行き先との合致度」は何パーセント？

例）やばい！　合ってない30%だ！／業務はキャラと合ってないが、稼げるから70%

※ちなみに僕は会社員時代、合致度20%でした！

2-2

「パラダイス」は今、見えている視界の外にある

忍耐力だけでは「本当の生き方」はできない

「全力疾走の先にパラダイスが待っている！」

そう信じて、会社の仕事に没頭するビジネスマン。

良い結果を出して、お客さんに喜ばれ、上司から褒められ、ボーナスをたくさん貰い、高い地位への昇格を目指す人たち――躍動感を漲らせ、周囲の人も元気にするパワーパーソン達です。

しかし、それとは対照的に、どう前向きに考えても「ワクワクの未来が想像できない状況」の人もいます。たとえば、以下のようなシチュエーションで働く人です。

1．社内の役職者に魅力を感じない。正直“ああなりたい”とは思わない。
2．会社の仕事が“自分に合わない”。成果を出すには大きな犠牲を伴う。
3．職場の人間関係が劣悪すぎる。

このような環境で努力しても、ワクワクの未来はやってきません。それどころか、会社仕事で成果を出そうと思えば思うほど、「自分軸」が破壊されてしまうのです。

20 代当時、私もこのような環境で働いたことがありますが、得られたものは「受け身の忍耐力」だけでした。

創造性はすべてはぎ取られ、自分軸は消え、ただの透明な存在へと退化しかかりました。とくに会社に固執して、実績を残したい“こだわり”がある人は要注意です。今のままでは、ますます不毛な未来に飲み込まれてしまうかもしれません。

解決法

視界の外側に“意識”を向ける

さて、このような“浮かばれない努力環境”にいる人はどうすればいいのでしょうか？

結論から言うと、転職か独立をするのが得策ですが、来月から転職、独立するのは到底難しいでしょう。

そこで応急措置として、「今見えている視界の外に視点を向けてみる」ことをお勧めします。

残念ながら“今の職場で働く意義”をいくら掘っても、出てくるのは「こじつけの意味づけ」ばかり。人生には「無駄な努力」もあるし、「居てはいけない場所」もあるのです。

会社への執着を心の中で捨て、見えている視界の外側に、今すぐ視点をずらしてください。

「自分のセンスで満ちた時間」をプライベートに設けること。そこからすべては始まります。

ポイント

▶ 岩盤を掘るな！違う穴を掘れ！

▶「浮かばれない努力」を疑え！

▶ 答えは「視界の外」にある！

常識を壊そう

・会社仕事で余力を残し、自分の人生をデザインする。
・乗り越えない。避けろ！　もっと良い道がある！
・「置かれた場所で咲きなさい」ではなく、「咲きたい場所で咲きなさい」。

まとめ

浮かばれない努力に執着しない。

ワークアウトしよう

Q：会社の外側には何があると思いますか？
例）魅力的な人との出会い、自分を磨く仕事、前向きになれる空間、技能を磨く場所、新しい自分の才能

※理想の世界は、必ずあります！

2-3

まずは「好き」で「得意」なことで遊んでみる

人間遊ばなきゃダメなんです!

「社会人としての責任ですから！」
「給料をいただいているんで」
「親としてやらねばいけないんです」
責任を全うすることで、誰もが「社会的信頼」を保ちます。
ただ、これも“度が過ぎる”と、“空白人生”の仲間入りです。
定年退職を迎える頃には「結局、何もオリジナルが残らなかった……」と嘆き、いまわの際には「もっと思うように生きればよかった」とため息をつくことになりかねません。

もちろん、
「今の会社に就職できたおかげで、身を立てられました！」
「家族を養うためにお金を稼ぐ！
それに誇りを感じています！」
「キツい仕事に耐え抜くこと、それが快感です！」
と、“腹落ちしている方”は心配ありません。
しかし、何をするにも青色吐息、嫌々状態！
脳内に「不快物質」が24時間噴出している人は、ぜひぜひ“おおいに遊び”、しっかり「毒出し」をしてください。
そして「本当の自分」と出会ってほしいのです。

解決法

「ヤバい!楽しい!」で脳と体を喜ばせてみて!

これからあなたに“自分軸が見つかる必殺技”をプレゼントしましょう！　まずは、騙されたと思って、カレンダーの３か月先までの週末の予定を「好きで得意な遊び」で埋めつくしてみてほしいのです。

変更になってもいいからカレンダーに書き込む！　半日でも２時間でもいいから「予定」を書く！　決意して手帳に書く！

私もかつて、サーフィン、ＤＪパーティ、カラオケ、ヨット、旅行企画などを、どんどん書き込んだことがあります。

結果的には、半分しか実行できませんでしたが、新しい行動の刺激で普段のストレスが吹き飛び、本当に「好きで得意なこと」に気づくことができました。

「え？　遊び呆ける!?　完全に流されライフやん!!」

そう思った方こそ「パラダイムシフト（思考の転換）」が必要です。「好き」も「得意」もわからないまま、“嫌々やるべきことをやり続ける人生”のほうが、「流され人生」だからです。

ポイント

▶“やらされ毒”で「不感症」になった心を治療する。

▶好き、得意、やりたい！に素直になってみる。

▶たくさん行動して「快」のアンテナの反応を見る。

自分軸がない人、自分軸がある人

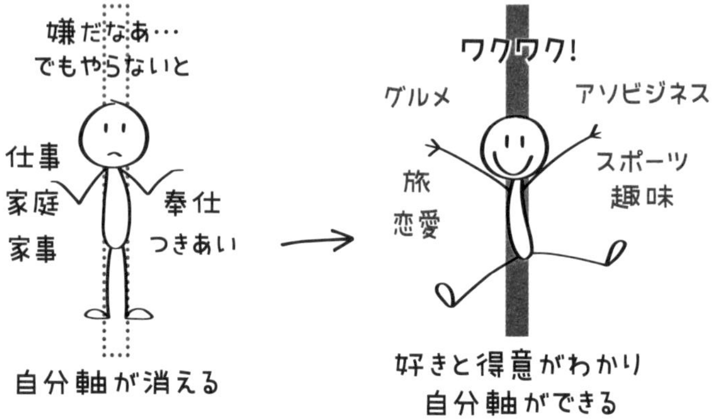

常識を壊そう

・「やらされ感仕事」を放棄すると「自分軸」が見える。
・忍耐ばかりだと「泣き寝入り人生」になる。

まとめ

“やってみたかった遊び”を毎週末2時間、3か月続ける。

ワークアウトしよう

Q:「好き」「やりたい」の遊び！　何をする？

例）カフェ巡り、海岸線ジョギング、お寺の座禅会、バツイチ合コン、
　　プチ同窓会、山手線一周ウォーキング、アートワイン会

……………………………………………………………………

……………………………………………………………………

※さあ、あなたなら、何をする？

2-4

テレワークは「会社洗脳」から我に返るチャンスだった

“会社の洗脳”を一気に引きはがそう

2020年に発生したコロナ禍によって、世の中の「テレワーク化」が急加速しました。同時に、会社員のメンタルに前代未聞の「変革」が起きました。それは**「会社からの洗脳が薄まった」**ことです。「今まで、どうしてあんなに忠誠を尽くしてきたんだろう？」そんな声があちこちから聞こえてきました。

テレワークは、私たちに「我に返り、人生に向き合う機会」をくれました。「本当の生き方とは？」その答えを探る機会が多くの人に訪れたのです。

近年の副業解禁との相乗効果もあって、「社外で好きな活動をするのが当たり前」という風潮も高まり、空前の「人生見つめなおしブーム」が起きました。その流れに乗るか？　乗り遅れるか？　今は、その過渡期にあると言ってもよいでしょう。

解決法

「最強の妄想族」の“総長”になってみる!!

昔からやってみたかったこと、知人がやっていてカッコいいなと思ったこと、それらをたった一人の「小さなプロジェクト」にしたらどうなるでしょうか？

まずは、たくさんたくさん、気の向くままに妄想してみてください。

小さな農園がしたい！　オンラインショップでハンドメイドアクセサリーを売りたい！　自宅サロンで料理教室をしたい！　人が集まる場をつくりたい！　恋愛カウンセラーになって恋の悩みを解決したい！と妄想してみるのです。

私たちには思考の自由があります。その権利を駆使して際限なくワクワクの幅を広げ、大いに未来に希望を馳せてみてください。想像するだけなら、お金もかからないし、誰にも迷惑をかけません！

この大いなる現実逃避こそが、“自分のセンスで自分らしく生きる”その一歩となります。そして、ここで妄想したことこそが、あなたの「人生の軸」となっていくのです。

ポイント

- ▶ 自分の感覚に素直になる。
- ▶ 常識を忘れて、バカになってみる。
- ▶ 妄想を暴走させる。

常識を壊そう

・分不相応な想像をしたほうがいい。
・現実逃避の「背徳感」を楽しむ。

まとめ

やってみたいことを“バカみたいに”ただ書きなぐる。

ワークアウトしよう

Q：テレワークで会社を離れて感じたことは？

例）会社や上司に過剰に今までコントロールされていたなあ～
　　毎日出社の息苦しさは何だったんだろう…

Q：こんなことできたらいいな？のワクワクの種を言語化してみよう。

例）実はヨガインストラクターになってみたかった！

P.S. Free your mind!

2-5

「好き」「得意」な遊びを「ビジネス」にしてみたら？

好きを仕事で表現する「ブリッジ（橋渡し）思考」

世の中には２種類の人がいます。「好きで得意なことを、素直にビジネスにしてみようとする人」と、「就職した先で、与えられた仕事を正確にこなすことを仕事と考える人」です。

じつは、多くの人が後者にあてはまり、前者の人のほうが“少数派”と言えます。前者は、頭の中に絶えずドーパミンが分泌され、自分軸のある人生を手に入れることができます。

しかし、好きで得意なことを、ビジネス化して社外で小さく始めた人のなかに、成功者はいるのでしょうか？　ノリでビジネスを始めて大失敗しないのでしょうか？

〈答え〉

「株式上場させるほどに成功した人」もいれば、
借金を背負うくらい「失敗した人」もいる。

これが事実です。もちろん大失敗はしたくないですね。

そこで本著は以下の範囲を目指します。

「ほどほどにお金が入り、楽しい仲間・友達・恋人ができ、どんどん広がる“恍惚状態”」以上、「会社の給料の２倍くらいまで儲かり、超絶楽しくて仕方ない状態」未満です。

もちろんそれ以上も目指せますが、まずはこの範囲を目指しましょう。

しつこいようですが、すべては、もしも「好き」「得意」な遊びを「ビジネス」にしてみたら？といった妄想から始まります。バカになって思考のブロックを取り払い、自由に発想できる「頭」になるリハビリから始めていきましょう。

解決法

「遊び」を「仕事」にしてみたら？で、遊んでみる

「書くことが好きで“サラリーマンのための不動産投資ブログ”を書いているうちに、Webメディアの連載ライターに応募、連載が人気になり、本が出てしまった！　今ではペンネームで活動し、勉強会も有料でやっている」

「合コンが大好きで、合コンセッティングサービスを副業で始めたら、依頼が殺到！　独立し、最終的には年間80万人をセッティングしていた」

これらは「好き」をうまく「ビジネス」にできた「アソビジネス」の成功事例です。彼らは遊びの向こう岸にある「ビジネスの岸」に渡ることができた人たちです。

本著ではこのように「橋を架け、向こう岸に渡った人」の事例をどんどん紹介していきますので、インスパイアの嵐の中、自分らしいアソビジネスと出会ってもらえたら幸いです。好きを仕事で表現するための「ブリッジ（橋渡し）思考」を身につけながら、進んでいきましょう。

ポイント

- ▶「好きな遊び、趣味」をビジネスにしたら？を妄想する。
- ▶ 遊びとビジネスを結ぶ「ブリッジ（橋渡し）思考」を鍛える。
- ▶ 自由な発想と非常識な思考を楽しむ。

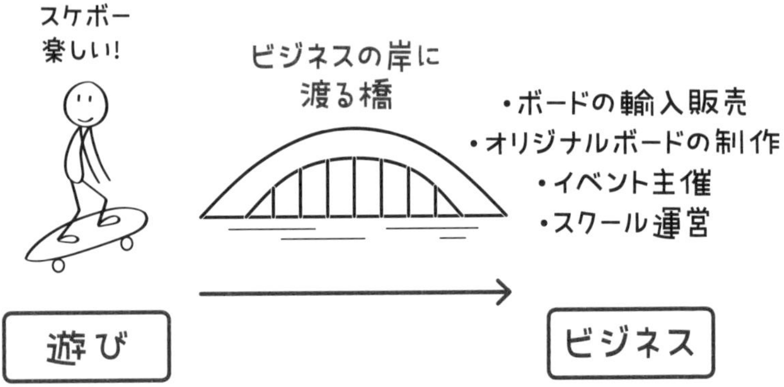

常識を壊そう

・遊びからスタートして東証一部上場もありうる。
・アソビジネスは“悪ノリ”の顔をした「金の卵」。
・会社を辞めずに“理想の自分を”つくりあげる。

まとめ

「好き×得意な遊び、趣味」でもメシは食える！

ワークアウトしよう

Q：大好きな趣味、遊びは何ですか？　書き出しましょう！

2-6

「アソビジネス」が、夢・恋・友情・お金を運んでくる

「運命の恋人」と出会いたければ、“サードプレイスビジネス”に頼れ!

サードプレイスでのアソビジネスがもたらすものは、「ワクワクの感情」だけではありません。

「魅力的な出会い」もその大きな恩恵と言えます。「好き」で「得意なこと」に没頭することで、人はどんどん魅力的になっていきます。そして魅力的な自分で人と「出会う」ことで、多くの人を魅了することができるのです。

また、「好き」や「得意」を通じて出会った相手とは、価値観やセンスも似通っているので、互いに急速に引き合うのです。

このように、共通の感覚を持った友人だけでなく、恋人や伴侶との良質な出会いもどんどん引き寄せてくれるのが「サードプレイスビジネス」の特徴です。

互いの「好き」で「得意」なビジネスを応援し合う関係。これが交際や結婚後も維持されます。サードプレイスビジネスは人生を充実させる「最強ツール」と言えるのです。

解決法

「好き仕事」で社外の出会いをどんどん増やす

会社はあくまで“仕事場”であり、そこで出会う人は選べませ

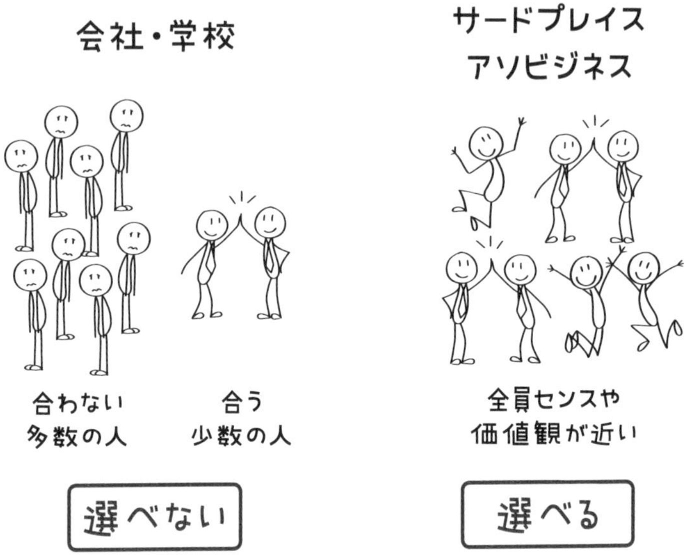

ん。しかし、サードプレイスビジネスは、一緒に働く人も、外部の協力者も、お客さんですら自分好みで選ぶことができます。

「世界観の合う友人をつくりたかったんだ！」や「こんな話題で盛り上がれて、応援しあえる恋人（伴侶）が欲しかった」そんな願いがすべて叶います。惰性で出会い、流されながら続けていた人間関係とはまったく違うつながりができるのです。

ポイント

▶ 自分の世界観に合ったアソビジネスをすれば、自分に合った人と出会える。
▶ 与えられた出会いではなく、自分で選んだ出会いが手に入る。
▶ 夢を応援し合える友人、仲間、恋人、伴侶ができる。

常識を壊そう

・“心地よい人”だけ仲良くすればいい。

・お客さんも選んでいい。

まとめ

サードプレイスのアソビジネスが「運命の恋」を引き寄せる。

ワークアウトしよう

Q：あなたが出会いたい友人・恋人（伴侶）はどんな人？

例）友人＝肯定的で行動的でアウトドアが大好きな人

　　恋人＝料理が好きで、ヨガが得意でおっとりした女性

2-7

人生100年時代、定年退職後「好きなことで稼ぐ」が主流になる

定年後35年間を「仕事で遊ぶ」準備をしよう！

人生は「100年時代」を迎え、定年退職後、“キャリアの再構築”が必要な時代になりました。その期間を、ただお金のために、やらされ感を感じながら過ごすのと、「好きで得意なこと」を仕事にするのでは大きな違いがあります。

65歳までは子どもたちを養い、住宅ローンを払うために仕事に耐えてきた人でも、それ以降は、お金を優先せずに「生きることを楽しむ労働」を優先したいものです。

しかし、65歳になってからだと「好きで得意な仕事」が今よりももっと“見つけにくく”なってしまいます。

そこで、「20代〜50代のうちに、好きで得意なアソビジネスと出会い、65歳以降は本業としてさらに楽しむ」――そんな生き方が本当に幸せな生き方なのかもしれません。

解決法

若いうちから「社外で“夢を仕事にする”練習」を

50代よりは40代、40代よりは30代、そして20代と、社外で夢を仕事にする癖をつけるのは早いに越したことはありませ

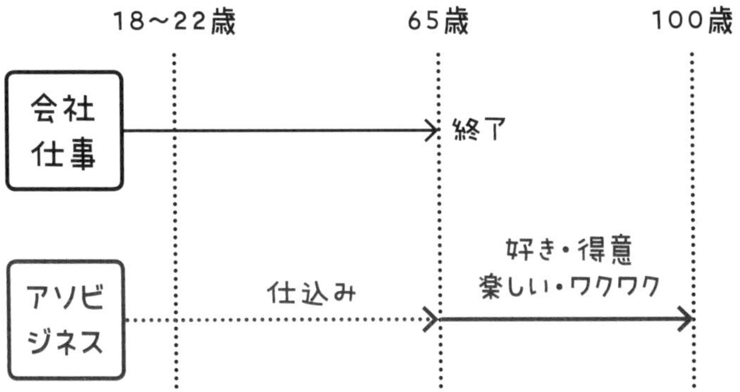

ん。頭が柔軟なうちにトライ＆エラーを繰り返すことで、経験値や人脈がより多く蓄積されます。

30代で先輩のヨット遊びに参加していたある男性は、40代で仲間5人と船を持ち、操船を含めた船遊びの体験スクールをスタート。50代で実際にスタッフを雇用し、会員制のレンタルボートビジネスを始めました。

60代になると10人乗りのボートによる観光事業をスタート。少しずつ、少しずつ、好きを仕事にしていきました。

このように「準備の経過を楽しむ」という方法もあります。そしてスタートは早ければ早いほどいいのです。

ポイント

▶ 60歳以降、お金のためだけに働く日々はつまらない。
▶ 10年かかって「好きで得意」を仕事のカタチにすればいい。
▶ 趣味と遊びから入り、少しずつビジネスにすればいい。

常識を壊そう

・65 歳からは“好きな仕事”以外しない。

・現役時代の職能にこだわるな。

・趣味・遊びをビジネス化してもいい。

まとめ

「好きなこと」を遊びながら、少しずつビジネスにしていく。

ワークアウトしよう

Q：どんな 65 歳になっていたいですか？

例）・海辺に住み、アウトドア体験会を主催し、子どもから働き盛りまでたくさんの笑顔に囲まれたい

　・大人向け絵本教室を開く

※準備は早い方がいい！

2-8

「これから何に命を使うか」を決めるのは、あなた

アフター7、休日に"命をパーフェクトに燃やす"!

突然ですが質問です。

「あなたは今まで、命を何に使ってきましたか？」

自分が意図した対象に精いっぱい使えてきたでしょうか？　あるいは、不本意に無駄遣いしてきたでしょうか？

自分が望むことに命を使い、完全燃焼できた人はとても幸せな人と言えるでしょう。

もちろん「好きで得意な仕事」で独立し、大成功すれば24時間、365日をすべて「好きで得意なこと」で埋めつくし、命を燃やすことができます。

しかし、その状態へは今すぐにはたどり着けません。

でも、諦めないでください。

会社仕事から解放された平日のアフター7、あるいは休日だけでも「命」を一番好きなことで完全燃焼すれば、人は命を後悔なく全うできるからです。

あなたには、これから何に命を使うかを決断する権利があります。これ以上流されない未来をつくるために、今こそ決断してください。

解決法

自分が入る「お墓の前」で人生最期の日を想像する

「流される人生は嫌！」

では、その解決策は見つかりましたか？　ここで、まだ見つかっていない方のために、スゴい必殺技をご紹介します。

それは「先祖のお墓に行ってみる」ということです。「どういうこと？」そう思ったかもしれません。しかし、「お墓」の前の“ある行為”が、あなたに「圧倒的な自分軸」を与えてくれるのです。

そのお墓は、いつかあなたが“入る”ことになる未来の家です。その墓前でこう考えてみてください。

「ここに入る時に、自分は“何をした人”として参列者に紹介されたいか？」

葬儀では、故人が残した業績、そして好きだったことや人柄などが語られます。ここで語られる「理想の紹介文」。それこそ、あなたが「本心で望む生き方」です。

そして今日から「理想の紹介文」に近づくための生き方をすればいいのです。これで、あなたは周囲の雑音に流されることなく、“自分軸”を持って堂々と自分らしく生きられるのです。

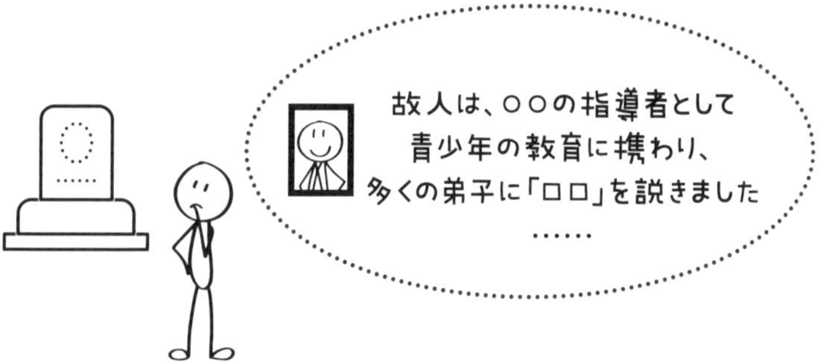

ポイント

▶ 自分のお葬式での「理想の紹介文」をイメージする。
▶「理想の紹介文」に“相応しい生き方”にシフトする。

常識を壊そう

・「人生最期のシーン」にミスマッチな生き方は捨てる。
・「死ぬ直前」が一番本音が出る。

まとめ

最期の日の「自分のキャッチフレーズ」のために生きてみる。

ワークアウトしよう

Q：人生の最期に、どんなふうに紹介されたい？
例）故人は「書道の楽しさ」を、大勢の人に寄り添い、親切に教えた人でした。

…………………………………………………………………………
…………………………………………………………………………
…………………………………………………………………………
…………………………………………………………………………

※それを決めるのが、今この瞬間です。

第3章

こんなにある！
サードプレイスを
見つけるヒント

今見えている「視界の外側」に心を馳せてみる

本書は「本当に好きで得意なこと」に気づき、それを会社でも家でもない“縛られない世界（サードプレイス）”において「アソビジネス」として表現するための本です。

でも、残念ながら、これまで会社と家の往復ばかりで「サードプレイスがない！」と言う方もいます。

そこで本章では、基本的な「サードプレイスの見つけ方・つくり方」について紹介します。サードプレイスを日々の生活に設けることで「幸福度」が向上し、生きることが楽しくなり、本当の自分と出会うことができます。

さあ、それではさっそくいってみましょう。

3-1

家と会社の間の「サードプレイス」に目を向ける

まずは「家でも会社でもないアナザーパラダイス」の存在を五感で感じる

ここまでは、“一生モノのサードプレイス・アソビジネス”と出会うためのウォーミングアップの章でした。

しかし、「サードプレイスで、自分らしいアソビジネスをやってみて！」と言われても、“何からやればいいか見当がつかない”のが本音だと思います。

まだ「半信半疑」の方もご安心ください。ここから具体的に“サードプレイス・ビジネス”と出会うための方法を詳しく解説していきます。

しつこいようですが、まずは**視点を「会社と家の“外側にずらす”」**というアクションからスタートしましょう。そして「別世界の存在」を、五感で感じとってみてほしいのです。

「会社と家の外側に視線をそらしたところで“何を見ればいいの？”」という疑問を抱く方もいます。これらの戸惑いを解決する方法についても、これから、しっかり解説していきます。

別ステージでの「新しい自分」づくりを楽しむ

家と会社の間のサードプレイスとは何か？　それはたとえば店、イベント、友人との飲み会、学び、ジム、サークル、サロン、スポーツコミュニティ、知人の会社、友人の家、社会人スクール……などのことを言います。

サービスとして提供されているものもあれば、友人同士の遊びのようなものまであります。この時点では「会社と家以外にこんな場所があるんだなあ～」と想像し、心に“楽しい余白”をつくることに集中しましょう。今までになかった世界への参加をイメージし、自分の心に「疑似体験」をさせてみてください。

　新しい体験や、出会いのドキドキ感を想像しながら「感情」に刺激を与えます。「新しい自分」づくりへのウォーミングアップを楽しんでみましょう。

ポイント

▶ 具体的な「場所」「空間」「内容」の情報を知る。

▶ 足を運ぶ前に楽しい想像をする。

常識を壊そう

・まずは「現実逃避」から入っていい。

まとめ

具体的なサードプレイスを知ることで心に火がつく。

ワークアウトしよう

Q：どんなサードプレイスに浸っていたい？

例）会社と家の間にある15人くらいしか入れない小さなバーで、常連客とゆるくつながりたい

3-2

出会いが広がる「趣味のコミュニティ」

“趣味のコミュニティ”なら、自然に会話が弾む

新しい場所に行って「誰かと打ち解ける」のが苦手な人がいます。「会話が続かない」「気の利いた言葉が浮かばない」といった弱点を持つ人です。

でも「趣味のコミュニティ」ならば、初対面の人とも自然に打ち解けられます。仕事、年齢などに共通点がなくても、趣味の共通項があるので、自然なキャッチボールができるのです。

ビジネスの現場と違い、社会的地位、年収などのバックグラウンドを気にしなくても大丈夫。気を遣い過ぎることもなく、フラットに会話が楽しめます。「人見知り」や「会話が苦手な人」でも、心地よくすごせるのが趣味のコミュニティの魅力です。

「教えてください」の姿勢が“良い縁”を生む

趣味のコミュニティでは、たとえばこんなふうに会話が自然発生します。

- **「初心者なので、色々教えてください」で“教わる関係性”が生まれる**
- **初心者同士で切磋琢磨し合うことで会話が生まれる**
- **上達すれば、“初心者に教える会話”が生まれる**
- **オフ会をすることで、さらに親睦が深まる**

こうしたコミュニケーションで、「大人の友人」が自然にできるので、趣味を通じたサードプレイスを、誰でも簡単につくることができます。

その趣味を極めた後に、初心者向けのマニュアルをつくれば、“入門者向け”に教えるというアソビジネスを始めることだってできるのです。

ポイント

▶ まずは「教わる謙虚な気持ち」で参加する。
▶ 趣味で繋がった「大人の友達」をつくる。

常識を壊そう

・饒舌に話す必要はない。
・自分が何者であるかは詳しく話す必要はない。

まとめ

趣味のコミュニティをまず3か月楽しんでみる。

ワークアウトしよう

Q：どんな趣味のコミュニティに入ってみたい？
例）ワインサークル／英会話サークル／読書会／釣りサークル

……………………………………………………………………………………

……………………………………………………………………………………

3-3

スポーツコミュニティで仲間と健康をWゲット

心身健康が保たれるリフレッシュ交流会

スポーツコミュニティの特徴は、「スポーティー&ポジティブな気持ち」でつながる仲間が増えるという点です。

それだけではありません。スポーツコミュニティへの参加は、以下のようなメリットがあります。

- **健康やダイエットの話題で盛り上がれる**
- **技術向上の話題でも盛り上がれる**
- **成長の喜びを共感し合える**
- **競技鑑賞も一緒に楽しめる**
- **自分たちの競技動画を一緒に鑑賞できる**

スポーツの数だけコミュニティが存在しており、サークル的形式やジム形式だったり、単発のイベントだったり、講習会のケースもあります。

「強く安定した心」で“幸福度”が上昇！

スポーツの習慣化は、私たちに思わぬ副産物をもたらします。その１つが「無駄にクヨクヨ悩まなくなる」ということ。“悩む時間の減少”は「人生の生産性向上」に直結します。目の前のことに集中できる「前後遮断気質」が身につき、心が安定し、よく眠れ、肌艶もよくなります。

すがすがしい人間関係が増えるので、心の爽快度も向上。「愚痴ってばかりの人間関係」を捨てる勇気が芽生えるのも特徴です。ストレス解消にもなり、筋肉、柔軟性、循環器の鍛錬にもなり、いいことづくめ！　さらには、スポーツの技術を「初心者向けに教えるアソビジネス」にも直結するので要チェックです。

ポイント

▶ 興味のあるスポーツコミュニティに入る。
▶ 体験会は複数個所行ってみる。
▶ 合うかどうかはやってみないとわからない。

常識を壊そう

・未体験スポーツの中に宝が埋まっている。
・体を鍛えれば結局、頭も心も鍛えられる。

まとめ

スポーツコミュニティで“爽快な仲間”をつくる。

ワークアウトしよう

Q：今興味があるスポーツを３つ以上書き出そう！
例）ロングボードサーフィン／キックボクシング／卓球／ヨガ／太極拳

3-4

旧友と“思い出の輝き”を取り戻す

まずは懐かしい友人と2人でランチをすることから

同窓会は「自分らしさ」を取り戻すのにとても効果的です。腹の底から笑ったり、無邪気な自分になったりと“自分修復”が楽しめるだけではなく、「本当にやりたいこと」に気づくきっかけにもなります。

ですが、同窓会と言っても、クラス全員を集めるような大がかりな会を催す必要はありません。

「懐かしい友人と２人でランチをする」

まずはここからです。思い出話に花を咲かせ、楽しい時を刻んでください。そして「同窓会は楽しい」という印象を自分の心に植えつけてください。そこから「過去の自分らしさ」をヒントに「未来の自分をリモデルする」ということに挑戦してみてほしいのです。

２人で集まった次は、３人～４人で集いましょう。ちょっとしたテーマを設けると集まりやすいです。釣り、日本酒、ゴルフ、ハイキング、カラオケ、座禅などなど、今の年齢にあったテーマを設けてみると、楽しい時間が膨らみます。

ネガティブな気持ちになる旧友とは会わない

ここで大切なことがあります。それは「会うことで気分が落ち込む相手」とは会わないということ。嫌な思い出がフラッシュバックするだけで、せっかくのプライベートタイム＝サードプレイスが台無しになってしまいます。

　セルフイメージが下がり、未来への挑戦の気力が失せてしまう危険性もあるので注意が必要です。

　昔を素直に懐かしみ、笑い話に花を咲かせ、未来に希望を持てるようなメンバーを厳選して選ぶことがポイントです。

ポイント

▶ 楽しかった思い出を確かめ合う。

▶ 嫌な話を蒸し返さない。

▶ 現在や未来の話もする。

常識を壊そう

・全員と仲良くする必要はない。

・「昔はよかった！」と大いに酔っていい。

まとめ

まずは、楽しかった思い出で、ただ笑い合う。

ワークアウトしよう

Q：2人同窓会をするなら誰を誘う？

3-5

「学びコミュニティ」で“大人の学友”をつくる

「学びなおしブーム」に便乗しよう

学びの場所もまた「サードプレイス」になります。学びの場所に身を置くことは学生だけの特権ではありません。勉強会や学校、学習型オンラインサロンなど、社会人でも身を置ける「学びの場所」が多々あります。

昨今、社会人が「仕事に必要な能力」を身に着けるための「学びなおし」の支援策が国によって行われています。文部科学省が運営する「マナパス」（社会人の学びを応援するポータルサイト）では、約 5000 か所の大学・専門学校等の条件別講座、費用の支援や職種別の学びなおし情報が公開されています。ぜひこのブームに乗って「学びの場所」をサードプレイスとして活用しましょう。

リアル会が充実した「学びコミュニティ」が狙い目

学びのコミュニティには、多種多様、様々なものがあり、大きく以下のようなものに分類されます。

- **社会人大学院**
- **資格取得のための学校**
- **有料オンラインサロン**
- **各種ビジネススキル勉強会・学校**
- **英会話など語学コミュニティ**

ポイントは、「オフ会」などの「リアルコミュニケーション」が充実している場所を選ぶということ。リアルの充実度は、ホームページやInstagramなどの写真などから判断できます。「自分の世界観に合致したリアル会」が行われているスクールやコミュニティを選びましょう。

ポイント

▶ 主催者のポリシーや世界観が合った場所を選ぶ。
▶「学んでいる自分を好きになれるか？」で選ぶ。
▶「将来『人に教えるイメージ』が浮かぶか？」で選ぶ。

常識を壊そう

・黙々と１人で学ばず、仲間と学ぶ。
・年齢が異なる学友をつくる。

まとめ

向上心で繋がった“前向きなサードプレイス人脈”をつくる。

ワークアウトしよう

Q：どんな学びを通じて新しい仲間をつくる？
例）英会話学校で国際的な仲間を増やしたい／ＭＢＡを取得し、ビジネス向上心の高い人脈を形成したい

3-6

「行きつけの店」を見つける

「心の居場所」があるだけで、生きることが楽しくなる

行きつけの店があるだけで、人生は何倍も楽しくなります。心の居場所になり、“ドラマのようなリアルシーン”が刻まれ、店での出会いや、スタッフとの会話から「新しい自分」がつくられます。その店の一部、または全体を借りての、イベント、ワークショップ、パーティ、合コンなど、楽しい「アソビジネス」に挑戦する人もいます。このように「行きつけの店」は、「新しい自分」と出会える「舞台」と言ってもいいでしょう。

私も東京都港区の芝浦アイランドにある「お気に入りの店」に足を運ぶうちに、単発でイベントを行うようになり、最終的には毎週主催するようになりました。気が付くと281回イベントを開催し、5年間で8000人近い“友達の友達”を集めていました。そこが、かけがえのないサードプレイスになったと同時に、自分史上最高の“アソビジネス”の場になりました。

店に貢献しながら、居場所へと育てる

次に、心の居場所となる店を探すポイントをご紹介します。まずは以下の可能性が“ありそうな店”を探します。

- **一人でもふらっと行ける**
- **自分のセンスや世界観に合っている**
- **店舗主体のイベントを手伝わせてもらえる余地がある**
- **誰でも参加できるイベントが開催されている**
- **自分も食事会・飲み会を開催できる**

まずは、自宅の近くや最寄の駅前、あるいは職場の近く、または好きな街やエリアでそのような店がないかを探します。複数の店舗に足を運び、その場所を「心から愛せるか？」を確かめます。

さらには「店員と仲良くなる」「友人と集う」「店のイベントに参加する」「店で小規模イベントをしてみる」などで店に貢献し、「愛すべき居場所」として関わっていきます。

ポイント

▶ その場所を心から愛せるか？で決める。

▶ 閑散日に一区画でイベントを開催してみる。

常識を壊そう

・最初から１店舗に決めずに、まずは複数店舗に足を運ぶ。

・客層が違うなと思ったら深入りしない。

まとめ

飲食店での小規模イベント主催は“アソビジネス”の王道。

ワークアウトしよう

Q：ネット検索して「居場所」になりそうな店を３つ以上書き出してみよう！

3-7

サードプレイス参加と遊び方のマナー

サードプレイスに居づらくならないために

　サードプレイスに参加する時に「マナーを守れる人」と「守れない人」がいます。

「マナーを守れない人」のことを“コミュニティクラッシャー”、または“サークルクラッシャー”と言います。

　こういう人になっては、主催者にとってもあなたにとっても残念ですね。ここでは留意点について紹介します。しっかり理解して行動しましょう。

コミュニティクラッシャーにならないための心がけ

　ズバリ！　**以下の13項目を絶対に“やらない”**ことで、悲しい結果は避けられます。サードプレイス・コミュニティ内での言動のチェックを日々行いましょう。

①異性ストーカー行為 ②酒癖による迷惑行為 ③マウント ④自慢 ⑤話が長い ⑥理屈っぽい ⑦攻撃的 ⑧被害妄想 ⑨悪口 ⑩屈折＆こじらせ ⑪不潔感 ⑫細かすぎるクレーム ⑬金品の販売のための営業（MLM〈連鎖販売取引〉含む）

　とくに異性とのコミュニケーションについてはご用心！　返信のない相手は「基本的には追っかけアプローチはしない」こと。

　日頃から上機嫌でメンバーに接し、少々のことは「ま、いっか！」と寛容に接し、自分自身は約束や礼儀を守るのがポイントです。

ポイント

▶ 上機嫌で「ま、いっか！」の精神で接する。
▶ 他人には礼儀正しく、約束も守る。
▶ 異性に連投メール（LINE）はしない。

常識を壊そう

・人に過度な期待はしない。
・小さな無礼や裏切りは放置する。

まとめ

心を安定させ、程よいゆるさでコミュニティと関わる。

ワークアウトしよう

Q：あなたがもっとも“やからしそうなNGアクション”と“その対策”は何？

例）話が長く、理屈っぽい→話は明快に短くする

※ありのままの自分に甘えない！直すべきところは直す！

3-8

自分でつくるサードプレイス・コミュニティ

自分でつくった「パラダイス」は一生なくならない

「生きることを楽しむためにどうしたらいいですか？」

その答えの１つが、「自分でサードプレイス・コミュニティを主催する」ということです。

自分で主催することで、ブレない自分軸が生まれ、コミュニティを支えてくれる仲間との出会いも期待できます。

仕事中では得られない“より深い理解者”に囲まれ、“本当の自分”を知り、その価値を高め続けることができます。

恋人、伴侶、一生続く友人、仲間、夢の発見と実現、転職情報、――そして“楽しいアソビジネス”のヒントや立ち上げの勇気も得ることができます。

私自身、生涯で４つの「大型サードプレイス・コミュニティ」をつくってきました。大切なものは、すべてそこから手に入れたといっても過言ではありません。

友人、恋人、夢、ビジネスのヒント、自分らしい生き方、感動、絆――ウエルネスを感じるために必要なものを、すべてそこから手に入れました。

“人生史上一番幸せ”な時間が手に入る

サードプレイス・コミュニティをつくると、今まで味わったことのない「快感」と「充実感」を得ることができます。

理不尽に耐える時もありますが、それも成長の一環です。“産み”と“育ての苦しみ”は子育てと同じ。それがあってこそ「コミュニティ愛」は深まり、人間力を養う訓練にもなります。
　集まった人に楽しんでもらうために、五感と思考と体を使って一生懸命動き、「ありがとう」「楽しかった」と言われた瞬間に、普段は得られない「幸福感」で満たされます。

　まずは小さく、「これからこんな会をします！」を掲げた「キックオフ会」を開催してみてください。その先に、運命を変える「サードプレイス・ビジネス」の誕生が待っています。「アソビ×ビジネス」を楽しめる日々がやってくるのです。

〈コミュニティ・イベント開催例〉
　少人数のテーマ食事会（ワイン、和食、日本酒）／ＺＯＯＭでの無料勉強会（読書会）／テーマを設けた朝活・夜活・昼活／スポーツの集まり（ゴルフ、ハイキング、ジョギング、趣味の会、釣り）など、自分が好きなテーマで開催。

ポイント

▶ まずは自分一人で「責任と権限」の両方を握る。
▶ キックオフ会を少人数で行う。
▶ 集合写真を皆に転送する。

常識を壊そう

・仕切るな。「場」をつくるだけでいい。
・好きな人だけ集めること。
・少し赤字になっても“楽しんだ”と思って感謝する。
・「陽キャラ」じゃなくても主催していい。

まとめ

皆に「楽しんでもらうため」に“奉仕を楽しむ”。

ワークアウトしよう

Q：自分でサードプレイスを主催して“得たい感情”は何？

例）家族兄弟のような仲間／夢を語り、応援し合える仲間／恋人／異性の友人／人生の師匠／20歳年下の友人

※自分で“やる”と景色が変わります！

いかがでしたか？
これから、サードプレイスで出会った仲間と、
新しいドラマの日々が始まります。
もちろん、昔から続く友人や仲間とともに、
新しい行動を起こしてもいいのです。
これから始まる新しい日々の中で、幸福感の増幅とともに
「自分らしさを表現する対象」がどんどん明確になっていきます。

第4章

仲間遊びで
「本当の自分」
が見えてくる

まずは
“生きることを楽しむ”
一匹のホモサピエンス
になれ！

　さあ、あなたはもう「家と会社」を往復するだけの「会社人間」を脱出しつつあります。
　第１章、第２章で“心の鎖”を解きほぐし、第３章で“サードプレイス”のつくり方を学びました。
　この第４章では、第３章で得た「仲間力」を活用し「本当の自分」と出会うトレーニングをします。具体的には仲間遊びを通じて自身を“煮沸殺菌”し、“五感を開放”し、「人間力」を強化していただきます。
　本章により、本当の自分、本当の生き方――そして幸せなアソビジネスを引き寄せることができます。

4-1 「青臭い時間」が、心を元気にする

「仲間遊び時間」で“本当の自分”に出会う

「立派な社会人になりなさい」

本著をお読みのあなたも、そう教えられてきたのではないでしょうか？　時に心を殺し、仕事に従事する。世間はそれを「成長」と呼びます。しかし本音ではどうでしょう？「クソくらえ！」「やってらんねえ」「本当は□□な生き方に心底憧れてるんだ！」、そんな感情を抱いたことがありませんか？

本著では、**「体の底から湧き上がる本音の感情」**を最も大切にしています。その感情を大事にすくいあげ、尋常ではなく増幅させた人だけが「本当の自分の人生」と出会えるのです。

「体の底から湧き上がる本音の感情」を増幅させるために最も効果的なのが、仕事を切り離した「仲間との時間」です。この一見青臭い、仲間アソビとの時間こそが、あなたの創造力と可能性を何倍にもブーストさせてくれるのです。さあ！　仕事でつくられた「ウソの自分」の鎧を脱ぎ去りましょう。

一匹のホモサピエンスになって“今”を楽しむ

与えられた仕事を一生懸命頑張り、成果を出す――それが資本主義社会で生き延びるための宿命です。しかし、それは“他人の仕組み”において、最善に機能するための努力に過ぎません。

本当に好きな分野ですか？　心底、やってみたいと思ってますか？　行先はそっちですか？

胸を張って「YES! とは言えない……。

　そんなあなたを本来の状態に戻してくれるのが**「友達との時間」**です。サードプレイスで出会った仲間、あるいは昔からの友人と喜怒哀楽、五感を開放し、好きな遊びに興じ、語らい、自分を解きほぐしてください。自分に合っていない仕事、職場環境、人間関係が、あなたを“いびつ”に変えてしまわないために、一匹のホモサピエンスになって“今この瞬間”を友と楽しみ、自分を整えることが必要なのです。

ポイント

▶“嘘の自分”の洗脳を友人が引きはがしてくれる。
▶「本来の感性」を取り戻すだけで幸福度が上がる。

常識を壊そう

・「実にならない仕事」を放置して、親友と語らえ！
・友人との「超積極的現実逃避」が、嘘のない未来をつくる。

まとめ

友人との「現実逃避」の先で“本当の自分”に出会える。

ワークアウトしよう

Q：語り合いたい友人の名前を書き出してみましょう。

…………………………………………………………………

…………………………………………………………………

※友人が本当の自分に気づかせてくれます♪

4-2 今更だけど効果絶大！「友情・恋・夢」の威力！

大人に「友情・恋・夢」が必要な理由って？

「友情・恋・夢が大切だ！」そんなことを言うと「え？　青臭《あおくさ》っ!!（笑）」と思う方もいるかもしれません。しかし、この“青臭い3つの単語”をバカにしてはいけません。40代になろうが50代、60代になろうが、友情・恋・夢はとてつもないパワーを与えてくれるからです。

「友情・恋・夢」は“自分らしい生き方”に出会い、寝食を忘れるほどに楽しい「アソビジネス」に出会うためのジェット燃料といっても過言ではありません。その威力について説明したいと思います。

1.友情の効果：生命力を強める「ターボエンジン」

仕事でストレスを感じた日も、恋に破れた時も、夢破れた日も、友情を感じるだけで、真冬のストーブのように凍てつく心を温めてくれます。大好きなアソビジネスで理想の未来を手に入れるまで、今を噛みしめ、肩を叩き合いながら、進むことができるのです。

2.恋の効果：生きているだけで楽しくなる「脳内快楽物質」

誰かを好きになるだけで、すべての景色が輝きます。夢にあらわれ、寝起きに思い出し、仕事が終われば会いたくなり、生きているだけで、命を祝福したくなる、魔法の生理現象と言えます。

3.夢の効果:自分を高める「ジェット燃料」

夢を抱くだけで、人生を大切に生きるようになります。思考、言動が変わり、今がどんなにマイナスでも、這い上がるチャンスをうかがい、なりたい自分に向かっての「成長」を楽しむことができます。成長意欲を持って毎日を過ごすことができるのです。

以上、学校も上司も教えてくれない「友情・恋・夢」の効果でした。

サードプレイスでの「アソビジネス」は、この3つの感情に満たされることを重視しています。

また逆のことも言えます。本当に自分に合った「アソビジネス」に出会い、それに没頭することで「友情・恋・夢」のすべてが自動的に手に入るということです。

お金を稼ぐだけでもない、仲間が増えるだけでもない、異性との出会いや恋愛の機会に恵まれるだけでもない、そのすべてが満たされる日々がやってきます。

まとめ

「サードプレイスビジネス(アソビジネス)」で、ウエルビーイングが手に入る。

4-3

日曜23時、遊び疲れた自分が本当の自分

日曜23時は最も“会社の洗脳”が引きはがされた時間

サードプレイスの大切さを実感すればするほど、会社仕事への違和感が高まることがあります。

「なんか違うんだよなあ…」

「自分らしさが失われていく…」

そのような負の感情を発散するために、金曜日から日曜日まで友達と遊んで憂さ晴らしに明け暮れる人もいます。この行為は、一見、子どもじみた逃げに見えますが、実は、この「現実逃避策」こそが、人生に失敗しないための“命綱”になりえるのです。

もしも会社仕事で苦しくなったなら――遠慮せずに金曜夜から日曜23時まで、思い切り仲間や家族と遊んでみるべきだと思います。会社の洗脳を引きはがし、本当の自分を取り戻し、後悔の人生から脱出するためにです。

そして、「日曜23時に、静かに心の声に耳を傾けてみる」。これが、最重要ポイントです。遊び酔いして、ほんの少し“社会不適合”になった恍惚状態。そしてキレキレに研ぎ澄まされた“五感”こそが、幸せな未来を得るための“心の羅針盤”でもあるからです。

その感覚を捨て置かず、しっかり噛みしめてほしいのです。

日曜23時に描く未来こそ「理想の未来」

私自身、20代の頃は、会社生活で自分を殺していました。職種も人間的相性も、完全に合わない職場で耐え忍んでいました。

「せっかく転職で拾ってくれた会社だから絶対にクビになるものか！」と、“白も黒”の服従状態で、パワハラや嫌がらせにも笑顔で耐えていたのです。

「もし今ここが、戦国時代で私が捕虜だったら？　戦地の軍隊だったら？　もっと辛いだろうに！　3年は耐えるぞ！」、そう言い聞かせ服役？していました。

平日の昼間は毎日廃人のようでしたが、週末はイベント開催で大フィーバー！　日曜23時には、恍惚の状態で、理想の未来像を100円ノートに描きなぐりました。

その後、ゆっくりゆっくり理想は現実となり、2003年以降、今日まで、あの日ノートに書きなぐったとおりの未来を生きています。まさしく23時ワークのおかげで今があるといっても過言ではありません。

ポイント

▶ 日曜23時、ノートに理想の未来を書き出す。

▶ 捨てるべきことは何か？　足りない努力は何か？を文字にする。

常識を壊そう

・「ウソの自分」を金曜夜に蹴っ飛ばす。

・現実逃避の先にしか“本当の未来”はない。

まとめ

日曜23時は“本当の自分”と向き合える時間。

ワークアウトしよう

Q：遊びきった日曜 23 時に思う「理想の未来」は何？
　5 つ以上書き出してみよう。

例）郊外の大きな川の近くに住み、週末は近郊で家族や仲間とキャンプ生活、中古のキャンピングカーを持ち、生活雑貨のオンラインショップを運営し、奥さんと共働きで奥さんは Web デザイナー　など

※好きな音楽を聴きながら、踊るように書いてみて♪

4-4

仲間の「感性の数」だけセンスアップできる

「センス」は仲間から盗め!

世の中には「センスが良い人とセンスが悪い人」がいます。

「センスが良い人」は、たくさんの人々の興味を引き、遊び、仕事、恋愛、すべてにおいて恩恵を得ることができます。

その逆に「センスが悪い人」は、努力をしている割には、実りの少ない人生になってしまいます。

人生を実り多いものにするためには、センスを身につけたほうが断然お得です。そして、センスは友人や仲間から、どんどん盗むことができます。

たとえば、人生を豊かにするセンスには以下のようなものがあります。

服のセンス／音楽のセンス／言葉のセンス／話し方のセンス／笑いのセンス／間合いのセンス／店選びのセンス／料理のセンス／発想の転換のセンス／メイクのセンス／髪型のセンス／所作のセンス／仕事のセンス／時間の使い方のセンス／恋愛のセンス／健康やセルフケアのセンス／心の在り方のセンス

友人の優れたセンスを真近で盗むことは、本、テレビ、ネットで見るその何倍もの効果があります。

職種のせいで「センス・ロス」してしまうという悲劇

どんな仕事にも、必ず、職務内容の“偏り”があります。出版業界で言えば、たとえば「出版企画書はパワポを使わないでください！　ワードでください」という偏りです。

昔、ある友人とのビジネスの現場で「パワポの提案書まとめられないのか？　おまえ、ヤバいな！（笑）」と笑われたことがあります。友人のおかげで、私は“センス（能力）の欠乏”に初めて気づき、友人に「パワポ・スパルタ特訓」をお願いして、センス・ロスをリカバリしました。

もしも、あのとき「俺は業界違うし、必要ない！」とスルーしていたら、ビジネスの現場では通用せず、多くのチャンスを逃していたことでしょう。

その他にも、友人の力を借りることで、こんな「センス・ロス」を回避することができます。

- **会話が少ない職場で、会話がぎこちなくなる→友人との会話がリハビリになる**
- **オヤジギャグ連発の職場に毒され、トークが寒くなる→友人のおかげでセンスの良いユーモアが身につく**
- **ファッションリテラシー低め業界で働いてダサくなる→服のセンスが改善し、第一印象が良くなる**
- **作業仕事ばかりで“仕組み思考”ができなくなる→経営者思考の友人のおかげで経営者思考が身につく**
- **文字を書かない仕事で文章力が退化→友人とのメールで文章表現力が向上**
- **IT リテラシーがゼロの職場でアナログ化→友人の会社の DX 化事例から IT センスを学ぶ**

職能の偏りによる「センス・ロス」で“羽をもがれた鳥”にならないよう、サードプレイスの友人から徹底的に学びましょう。

ポイント

▶ 会社はセンスの悪さまでは治してくれない。

▶ センスは会社の外に転がっている。

常識を壊そう

・会社は悪意なき「センス・ダウン」の加害者。

まとめ

サードプレイスの「センス・アップ大学」で自分を正しく磨く！

ワークアウトしよう

Q：今、自分に足りないセンスって何だろう？

例）会話のリアクションのセンス、また会いたい！と思われるセンス、投資センス、組織をまとめるセンス、整理整頓のセンス、数字で考えるセンス……

※“欲しい”けれど“足りない”ものを書き出してみて♪

4-5

仲間遊びで「好き×得意」が見えてくる

“仲間遊び”こそが人生をつくる最強の学校

仲間遊びをするだけで「あなたの本当の能力」が見つかる！そんなことを言うと「バカな！」と思うかもしれません。

しかし、これは真実です。「決められた試験」や、上司による「職能ジャッジ」では判断がつかなかった才能が、「仲間遊び」の中から見つかるのです。

図をご覧ください。これは「サッカーが大好きで、大会を主催してみたら“ 企画立案と効率的な段取り ”が得意だ」とわかった例です。こうして、突出した技能が自然に明らかになっていきます。これらはすべて、「自分で好きで没頭したことで明らかになった強み」ばかりです。

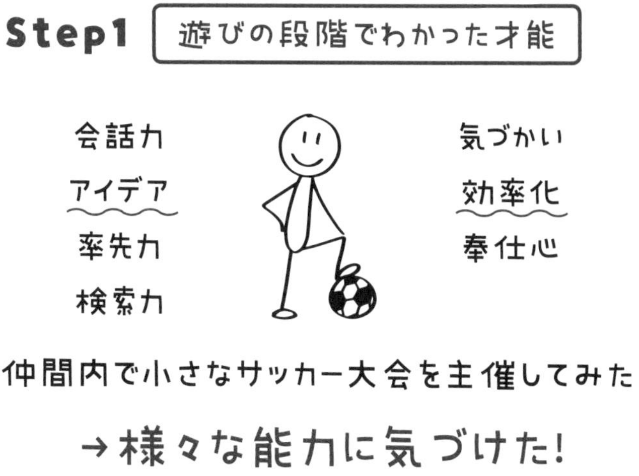

（解説）

**　サッカー好きなＡさんが、仲間と小さな大会を開いてみたら「大会を楽しくするアイデア」がたくさん出た！　準備や撤収も「効率的」だった！　次にＡさんは大規模な大会主催に挑戦してみた。するとスタッフへの割り振りなど「段取り」がよく、スムーズに動けた。「お楽しみコンテンツ」の企画力も卓越していた。**

「好きだねえ～!!」という友人コメントこそ金の卵

　あなたが好きで始めた趣味、芸術、スポーツ、レクリエーションをテーマにした“遊び”。それに友人を誘ったり、あるいはもう少し規模を大きくしてイベント（催し）にして没頭してみると、ある瞬間が訪れます。

　それは、友人から「イイネ！」「好きだねえ」「ハマってるねえ」「凝ってるねえ」「すごいねえ」と言われる瞬間です。この瞬間に「好き×強み」の“秘宝”が明らかになります。

Step2　本格的に６チームが参加する大会を開催したら、さらなる才能に気づけた

→少人数の遊びから発展して「催し」になると、「好き」「得意」がもっと鮮明に見えてくる！

さあ！　あなたも、楽しみながら友人の声を聞き取り、“人生を変える秘宝”を掘り当てましょう。

ポイント

▶ 自分の「強み」と他人から見た「強み」は違う。
▶ 遊びの最中に「俺（私）の強みって何？」と友人に聞く。

常識を壊そう

・過去の体験は、全部「不要な能力を計るテスト」だった。
・過去の競争は、「出場競技」が違っていた。

まとめ

死ぬほど「好きな遊び」の中で「卓越して得意な作業」は何なのか？

ワークアウトしよう

Q：死ぬほどハマれる、趣味、遊びは何？　その中で友人に「好きだねえ」「こだわるねえ」「すごいねえ」「イイネ！」と言われたことは？

4-6

心が動いた瞬間を手帳に書き込め

“何に心が動いたか？”を徹底的に拾い上げる

会社仕事で“違う自分”がつくられる――これは誰でも経験があること。心を殺していると、そのうち本当に心が無感覚になってしまいますね。会社仕事への最適化で、自分の心が見えなくなってもどうか諦めないでください。本著を読み進めながら、新しい自分を築いてほしいと思います。

そこでお勧めなのが、「あ、いいな！」「素敵だな」「憧れるなあ」と感じたことを、日々文字化するということ。自分の心が動く瞬間に意識を向け、それを手帳やスマホに書き込み、その文字列を脳に刻んでほしいのです。

毎日の「あ、いいな！」が未来のアソビジネスになる

以下は20～50代男女の実際の「あ、いいな！」の事例です。

・「**大通りから少し小道に入った小さな個人経営のコーヒーショップを見て“いいな”と思った。たった4席しかない、テラス席の空気感が素敵。この空間にずっと佇んでいたいなと思った**（30代・女性）」

・「**鄙びたビーチにある、SUP（Stand Up Paddleboard）教室の空気感にワクワクした。太陽と海に抱かれ、皆で海にこぎ出す前のインストラクターの表情や所作、引き締まった体、ファッション、指導内容にグッときた。こんな空気にずっと触れていたい**（40代・男性）」

・「**映画の登場人物（芸術家）の自宅兼仕事場がかっこよかった。**

こんなＳＯＨＯに住んでみたいと思った（50代・男性）」

・「**休日にジョギングでお寺の境内を通ったら、公開座禅をしていた。こんな凛とした空気の中で、心を静かに整える日々を送りたい。できるならこんな空気で仕事もしたい**（30代・女性）」

心が動いた瞬間から、運命のアソビジネスのヒントが生まれます。まずは「もし、この空気感をビジネスにするとしたら、どんな形になるんだろう？」と想像することを楽しんでみてください。

ポイント

▶ 心が動いた瞬間に「好きな空気感」をスケッチする。

常識を壊そう

・あれもいい！　こっちもいい！　心奪われる自分を肯定する。

まとめ

心が動いた瞬間の「空気感」は、人生にとって100%正しい。

ワークアウトしよう

Q：今日１日の「なんかいいな」を文字化してみよう。

例）５分間のYouTube動画をフォロワー数を気にせずに、楽し気にアップしている友人を素敵だと思った

……………………………………………………………………………………

……………………………………………………………………………………

4-7

「大人の夢の語り場」を楽しんでみる

「できる理由」だけを語らうポジティブタイム

仲間同士で「大人の夢の語り場」をスタートしたのは2002年のことでした。仲間内のセカンドシェアハウスに毎週木曜21時に集い、深夜1時くらいまで盛り上がりました。

「否定厳禁」が絶対ルールで、「発表者のやりたいことを実現するためだけのアイデア」を前向きに出し合いました。その結果、和フレンチレストラン、メディア取材殺到のお寺イベント、映画ビジネス、通販ビジネスなど数々の“やってみたい！”が本業、副業問わずカタチになり、私たちは至高の幸福感を噛みしめ合いました。

じつは、潮凪洋介の著者デビュープロジェクト（2003年）もここから生まれています。

この会は、「創造（creative）を生む（Incubation）会」として、その頭文字をとってCIと命名、現在、私が運営しているライフワーク・クリエイト協会の前身でもあります。この大人の夢の語り場は、誰でも開催できます。

“応援される喜び”がジェット燃料に！

気の合う仲間で、アソビジネスのＺＯＯＭ定例会を設け、やりたいことを打ち明け、否定厳禁で発展的アイデアをプレゼントし合う――この継続により、それぞれのアソビジネス（サードプレイスビジネス)」の実現も一気に加速しました。

それぞれが「自分らしさを“ビジネス”で表現」できたことで、自信に満ち溢れ、自分軸もしっかり定まったのです。会社の仕事では「自分らしさ」を100％出しきれなくても、社外での「アソビジネス」で、自己表現を楽しむことができました。

この大人の夢の語り場により、遊ぶだけ、飲むだけの友人ではなく、「夢を支え合う仲間」になったことも、ここで得た大きな宝物の１つだったのです。

ポイント

▶ 発表者（当事者）が「やってみたいこと」を発表。

▶ 発表者（当事者）に「実現のためのアイデア」を全員からプレゼント（否定厳禁）。

▶ 発表者（当事者）は、“良いと思ったアイデア”を実践。次回進捗を報告する。

常識を壊そう

・「できない理由」は考えない。「実現する方法」だけ言葉にする。

・「何をどうするか？」は発表者（当事者）が自分で決める。

まとめ

「実現アイデア」をこれでもかとプレゼントし合う！

ワークアウトしよう

Q：あなたは、どんな「やりたいこと」を発表しますか？

例）出会える「英会話実践教室」で英語力も、恋愛も提供したい！

さあ、いかがでしたか？

少しでも実践した方には、ある変化が生まれているはずです。「自分らしいあり方・生き方」の輪郭がうっすらと見えはじめ、胸の中に火がともった状態になります。エネルギーが体全体に巡り、生きることが楽しくなり始めているはず。

また、仲間遊びによる人間力向上、本当の自分との出会い、心躍る「やりたいこと」との出会いが広がっていきます。

人間は好きなモノ・コトを創作・表現し、他者と共感しあう瞬間、最大の「幸福感」を感じられると言われています。

ここからは「好きで得意なことをサードプレイスを通じて社会でいかに表現するか？」をトレーニングする「門外不出の特訓」を行います。“自分という存在”を「アソビジネス」で、思う存分表現しましょう。

どうぞ、お楽しみに！

第5章

あなたの「好き」をアソビジネスにする方法

大丈夫！
自分の世界観をカタチにすることは怖くない

ここからは“好き”で“得意”を、実際の「アソビジネス」にしていきます。人の“役に立ち”“喜んで”いただき、感動と共感の時間を過ごし、心の絆を無数に敷き詰め、“お金”を稼ぐのです。

「好きで得意をビジネスにするって難しそう！」

“ゼロから１を生み出した経験がない方”にとってはそう感じるかもしれません。

けれど、勇気を出して「壁」を壊し、前に進んでほしいのです。コツは、ほんの少し“バカになること”“自分の世界観に酔うこと”です。

さあ、偉大なる一歩を踏み出しましょう！　あなたも今日からアソビジネスクリエイターの仲間入りです。

5－1

「好き」で「得意」をアソビジネスにしよう！

アソビジネスが「興奮・お金・仲間・恋」を連れてくる

「好きなこと」を仕事にすれば、頭の中にドーパミンが出っ放しになり、生きているだけで楽しくなります。「得意」なことであれば成果が出るし、応援者も増えていきます。考えただけでパラダイスですよね。

ここで言う成功とは、精神的な満足感と、金銭的な満足感が得られる状態のことです。

ただし「好き×得意」をオリジナルのビジネスにするためには、ほんの少しの“知恵”と“勇気”がいります。顧客に響く「ビジネスコンテンツ」としてじっくり磨き上げ、話題性のあるアソビジネスに育てる必要があるからです。

「好き×得意→アソビジネス」の“着地点”を掴め！

あるサラリーマンの友人がこう言いました。

「仕事は“世の中の既存の仕事”に従事して、お金を貰うからこそ仕事なんだよ！」

実際、彼の言うように、オリジナルでゼロから１を生み出せる人のほうがイレギュラーなのかもしれません。

しかし、私から言わせれば、彼はオリジナルを生む喜びを放棄しています。しかも、人がつくった仕組みの中での競争を選び、そのなかだけで生きようとしています。

私達がやろうとしていることは、それとはまったくの別競技です。

「好き×得意」をゼロからアソビジネスに育て、いかに世の中に提供するかということなのです。

ポイント

▶ 自分にとっての「好き×得意」は何？と、1日3回自分に聞いてみる。

常識を壊そう

・あなたにも“今までになかった”アソビジネスを創る権利がある。

まとめ

「アソビ」と「ビジネス」の間に“橋”をかけろ。

ワークアウトしよう

Q：好き×得意×ビジネス＝あなたは何屋さん？

例）書くこと×聞くこと×本づくり＝自分史制作代行屋さん

※世界に一つのオリジナルサービスをつくる！

5-2

「得意なこと」が「好きなこと」とは限らない！

得意技で“使われる”だけじゃ幸せになれない

最近、強み探しが大流行ですが、私はそれに少し疑問を感じています。「強みだけ」に照準を合わせても人は幸せになれない――そう思うからです。

「その強み」は“本当に好きなこと”でしょうか？　すすんでやりたいことでしょうか？　そしてやっていて“楽しい”でしょうか？　生き残るために“強み”を活かした仕事でお金を稼ぐ。これは必要なことです。しかし、もっと幸せになりたいなら、“本当に好きで得意な仕事”に命を使ったほうが幸せになれるのです。たとえば「細かい手作業が得意で、事務作業も得意。でも、本当は、“みんなが集まる場所をつくりたい”」という人がいます。ならばパーティ、イベント、交流会主催をアソビジネスにすべきです。「英語は得意科目で会話も得意。でも好きなのはWebサイトをデザインしたり、プロデュースすること」。そんな人は、自分でWebメディアを立ち上げ、編集長をしたほうが幸せになれます。三度の飯を抜いたとしても、お金をもらわなくてもやりたい！　それがアソビジネスとして選ぶべき対象なのです。

「強み崇拝」が人生を狂わす

知人の大金持ちの男性はまだ40代なのに、とても毎日つまらなさそうでした。本業は税理士で数字のことが大得意。そして副業では、不動産投資、海外株式投資を行ってたくさんのお金を稼いでいます。でも、彼はちっとも幸せそうではないのです。

彼の生活は、ただの「強み一色」。もっと「好きなこと」に正直になり、社外で自由に遊び、それをアソビジネスに発展させていたなら、人生は違っていたはずでした。

彼は、あるとき「好き」を大事にするようになりました。そして船を買い、大好きなマリンスポーツのコミュニティをつくりました。彼がたくさんの友人に囲まれ、屈託なく笑うようになったのは、その後間もなくのことでした。コミュニティは盛況で、経営者のための会員制マリン交流会事業へと発展しつつあります。彼は、自分の気づきによって「強み執着」による“人生のボタンの掛け違い”を免れたのです。

ポイント

▶“得意な仕事”を「本当に好きなのか？」と疑ってみる。

常識を壊そう

・「他者評価による優越感」で自分を見失ってはダメ！

まとめ

お金を貰わなくても「やりたい仕事」に気づく。

ワークアウトしよう

Q：もう働かなくていいほどお金持ちになったら、何の仕事をする？

5-3

「職歴の強み×趣味の強み」の成功法則

“職能”が“趣味”を「オンリーワンビジネス」に変える

「大好きな趣味や遊び」をアソビジネス化したい！　そんな時、“過去の職歴”が大きな武器になります。過去の“職務技能”が、「アソビジネス」を強力に後押ししてくれるのです。

【旅行業経験者】“温泉専門家”をアソビジネスにする人が、ファンのオフ会で格安ツアーを企画して販売。

【マッサージ師経験者】マッサージ師がヨガイベントを主催し、イベントの前後に予約制の肩こり解消マッサージを提供。

【ペットシッター経験者】ペットシッターをしていたイベント好きの女性が、カフェを１日貸し切り“ペットと飼い主”のための交流イベントを開催。

などがあります。

ちなみに私の場合ですと、

【イベント業経験者】読者を集めて“ラブソング”だけのDJパーティを毎月開催し、読者同士の交流の場を設けながら、利益を得た。

という経験があります。

デビュー当時「職歴の強み×趣味の強み」を形にしたことで、DJラウンジパーティを主催できる「異色のエッセイスト」としてブランディングできました。

「人材紹介業者」が「結婚相談所」で大盛況

　過去に、人材紹介業に従事し、プライベートでは「合コン」が趣味だった人が「恋愛コンサルティング」や「結婚相談所」のアソビジネスで大盛況になったという例があります。

　人材紹介業は、キャリアや特技を理解し、そしていかに働き、いかに“生きたい”かをヒアリングする職業です。心に寄り添い、人生を設計し、最終的には最適な就職先とマッチングさせる仕事です。

　そして「恋愛コンサルティング」や「お見合い・婚活あっせん業」も似ています。依頼者の長所を理解し、そのなかから、もっとも魅力的な特性に光を当てて応援します。言い換えれば、最も輝く生き方に導き、豊富な人脈のなかから、異性との接点をつくり、相思相愛になってもらう仕事でもあります。

・傾聴、理解力
・魅力発見力
・コーチング力
・人脈力
・マッチング力

　これらの特技を、大好きだった“合コン”とかけ合わせ“アソビジネス化”したのです。「職業選択」で、本人の“輝き”が変わることに着目した“モテ転職診断”も、他同業者との大きな差別化ポイントとなりました。

ポイント

▶“大好き”を「過去の職能」と合体して「サービス化」する。

常識を壊そう

・遊びと仕事は分けなくていい！

・好きな趣味を仕事にしたら“もっと好き”になる。

まとめ

「大好きな趣味」×「過去の職能」＝最強キャッシュポイント。

ワークアウトしよう

Q：過去の職能を３つ以上書き出してみよう。

例）①コンサルタント　② SE　③講師

Q：「大好き」とかけ合わせたらどうなりますか？

例）①温泉コンサルタント　②釣り名人紹介メディア　③キャンプ入門講座（YouTuber）

5-4

どんな仕事で「好き＆得意」を表現すればいいのか？

「全職業一覧」を見て「趣味」と掛け合わせる

「過去の職能」と「大好きな趣味」を掛け合わせる。すると最強の“アソビジネス”が生まれる！

これは１つの成功方程式ですが、もしも“その２つ”が「ミスマッチ」だったらどうなるか？　その答えは「失敗」の二文字になってしまいます。

たとえば、こんなミスマッチがあります。

・音楽バンド活動（趣味）×法律事務（過去職能）

・カメラマン活動（趣味）×テレアポ営業（過去職能）

上記の場合、お互いの足は引っ張らないものの、加速もしません。そういう場合は深追いせずに世の中の「全職業一覧」を見て、その中から「趣味」とマッチングさせるのです。

まずは「職業一覧」と「検索窓」に入力！

まず、ここでやっていただくことがあります。それは以下のとおりです。

１．検索エンジンで“職業一覧”と検索する。

２．表示された「職業」をすべて閲覧する。

３．自身の「大好きな趣味」を、それら職業の“どれか”と組み合わせてみる。

これをすることで「世の中でビジネスとして表現する座組み」が確定します。

なぜ組み合わせる必要があるのか？

すでにある職業はすべて、消費者が価値あるものと認め「お金を払う慣習」ができている“産業”だからです。「大好きな趣味」が楽しくてもそれだけでは単なる遊びですし、「キャッシュポイント」をつくらなければビジネスになりえません。

そこで、世の中ですでに「産業化」されているビジネスと合体させる。それにより消費者ニーズからブレることなく、スムーズに「売上」を確保できるのです。

おまけにそれが「今までになかった異色のビジネス」となり、必ず話題になります。

ポイント

▶「趣味」を「産業化されている商品・サービス」に“乗っけてみる”。

常識を壊そう

・異色の組み合わせが話題を生む。

まとめ

「趣味」と「全職業一覧」を掛け合わせ、「奇跡の組み合わせ」をつくる。

ワークアウトしよう

Q：「好きな趣味」とベストマッチな「職業（産業）」は何でしたか？

例1）メイク（好き趣味）×介護福祉士（職業〈産業〉）＝訪問介護メイキャップ

例2）保育・子ども遊び（好き）×キャリアカウンセラー（職業）＝子どものためのキャリア教育者

※この妄想ごっこで人生変わります♪

5-5

「憧れのビジネス」を“2つ以上”くっつけてみる

「ミーハー感覚100%」の“アソビジネス”をつくる

やりたいことや、好きなことがわからない！　趣味もそれほど熱くなれるものがない！　職歴をひっくり返しても「特技」がない——そんな「ないないづくし」の方も安心してください。これから、「人生が変わる秘策」をご紹介します。

人生史上最大に「ミーハー」になる！

それが、あなたの次なるミッションです。

徹底的にミーハーになっていただき、「なんかカッコいい」「カワイイ」「いいかんじ」の“感覚”で「アソビジネス」を選んでいただきます。

世の中には、素直に「なんかカッコいい」「カワイイ」「いいかんじ」と感じられる“アソビジネス”が必ず存在します。

次のＱＲコードにアクセスすると「約100種類のビジネスの一覧」が写真付きで閲覧できます。

ここでビジュアルを見て「カッコいい」「魅力的」と思えるアソビジネスを直感的に選び出してほしいのです。

「憧れ感」——それは、最強のモチベーションの一つです。本能的な衝動を素直に掬《すく》い上げ、未来の選択肢にしていきましょう。

※「好きで得意をアソビジネスに！」を掲げるＬＷＣＡ（ライフワーク・クリエイト協会）が、大手企業主催の「ライフ・ワーク発見講座」で有償提供する教材を、本書では特別無料共有をしています。

https://www.freedom-college.com/ld

「なんかカッコいい」でDNAが喜ぶ!

　まず、前ページのQRコードからアクセスしてください。

　ここから、活用法を説明します。

1．直感で「なんかいい！」を２～４枚選ぶ

　まずは、このカードから、２枚または３～４枚の「なんかカッコいいシゴト」をピックアップしてください。写真とタイトルを見て「なんかいい」「ＳＮＳにもアップしたくなる」「人に言いたくなる」「モテそう」「自分らしくいられそう！」といったミーハーな直感でピックアップしてください。

2．複数のカードを組み合わせ「世界に１つ」のアソビジネスを創る

　次に、ピックアップしたカードを複数組み合わせて「まったく新しいビジネス」を想像します。たとえば、

　「座禅×ヨガができるマッサージルーム」

　「BBQ場付きレンタル農園×サブスク野菜定期便」

　などが思いつきます。

　ＬＷＣＡでは、アイデア出しワークショップを“１つの集団ワーク”として実施しますが、本著では１人でできるクリエイティブ・ワークとして紹介しています。

ポイント

▶「人に言いたいアソビジネス」はうまくいく。

常識を壊そう

・「やったことがない」を「やらない理由」にしない！

まとめ

SNSで“自慢したくなるアソビジネス”をつくる。

ワークアウトしよう

Q：「なんかカッコいいビジネス」について何を選びましたか？
例）座禅、書店、講師、カフェ

…………………………………………………………………………
…………………………………………………………………………

Q：それらを組み合わせたらどんな「アソビジネス」になる？
例）自宅の一角をブックカフェにして、座禅会を開き、週替わりで文化講座を開催

…………………………………………………………………………
…………………………………………………………………………

※絵にもしてみてください♪

5−6

一生続けたくなる「アソビジネス」のコンセプトづくり

言語化で「アイデア」は100倍磨かれる!

さあ、次に今、なんとなく“やれたらいいなあ”と思うことを「言葉にする作業」です。これは何のためのものか？

「こんなものをやりたい！」という内容が、しっかり言語化されていることにより、コミュニケーションがスムーズになり、より多くの人からの意見が集まり、ブラッシュアップが可能になります。

また、自分自身のモチベーションを上げることにもつながります。言語化により「自分はこれをやろうとしているんだ」という自覚を高めることにも役立ちます。

これが世界で1つのアソビジネスの“原子細胞”だ!

それでは実際に、過去に私がコンサルやアドバイスし、世に送り出したアソビジネス、さらには関係者・知人が実際にやっているアソビジネスの「言語化事例」の一部です。以下になぞらえて実際に言語化に挑戦してみましょう。

・学んで、試着して、その場で買える「ファッション勉強会」
・「30分だけ」の“チョイカフェお見合い”
・「書いて癒される」マインドフルネス執筆会
・「全世代が交流」する「音楽イベント」
・スーツが似合う体になる「筋トレ・パーソナルトレーニング」
・踊って、飲んで、古着が買えるスタンディングバー

・デキるビジネスマンになる！「メンズ・メイクレッスン」
・心を整え「出会い」を楽しむ「座禅合コン」

また以下は、私自身が過去に実施したプロジェクトの名称です。

・「クリエイターの夢の発信基地」目黒クリエイターズハウス
・恋愛体質改善ホテル
・「書くこと」に酔いしれる「“酔筆”の会」～WRITING BAR～
・「格闘技ジム感覚」の「エッセイスト養成塾」
・「合コン」総当たりリーグ戦「Gリーグ」
・ロハス婚活塾～自然の中で心を開いて緩やかに出会う～
・好きで得意を仕事に！「パラレルワーク・ディスカバリー・バトル」
・「陸上」と「船上」同時に楽しめる「ハイブリッド型ＤＪラウンジ交流会」
・LOVESONG DJ LOUNGE “Love Groove”
・企業を元気にする「出版起点の企業リブランディング」

すべて、複数の要素から組み立てられているのが特徴です。
さあ、勇気を出して言語化をしてみましょう！

ポイント

▶ 言葉にすることで伝えやすくなる。自分の心にも火がつく。

常識を壊そう

・愚案、珍案、恥案大歓迎！　もっともっと歌舞いて！

まとめ

頭に浮かんだ絵を、言葉にしてみる！

ワークアウトしよう

Q：さあ、頭の中の絵を、言葉にするとどうなる？

例）泊まれる民家系居酒屋、婚活シェアハウス

※アソビゴコロ全開で書き出してみて！

5-7

「成長産業の要素」を掛け合わせる！

「成長産業で高単価」なら自然に儲かる！

ここで、ビジネスを始めるときの「鉄則」をお伝えします。

それは「どのジャンルを選ぶか？」によって、儲かるのか？儲からないのか？の明暗がはっきり分かれるということ。

- **ちゃんと産業になっているのか？（まったく知らないものにお金を払わない）**
- **成長産業なのか？（斜陽産業には顧客が集まらない）**
- **高単価をつけられるのか？（付加価値がつけられる商品・サービスなのか？）**

これが、個人レベルが参入するときのポイントです。

産業になっている×成長している×高単価がつけられるビジネス例

以下に、前述のように3拍子揃った有望な「産業」を紹介します。これのどれかに「好き×得意」を掛け合わせるのです。

アウトドア/AI/IT/デジタルマーケティング/SNS/ネット通販/ネット広告/VR（仮想現実）/AR（拡張現実）農業/動画ビジネス/CtoCプラットフォーム/フードデリバリー/ドローン/ダイエット/健康サポート/エクササイズ/外国語学習/学び/高齢者向けサービス/介護・福祉/注文住宅/ワークスペース/輸送/フリーランス産業サポート/副業産業サポート/海外輸出/ウエルビーイング産業/マインドフルネス産業/居場所/つな

がり・出会い

こうした産業を意識して進めることで大きな波に乗り、スムーズにアソビジネスを育てることが可能になります。

ポイント

▶ 好き×得意だけで走ると“閑古鳥”になる。

常識を壊そう

・「新しモノ」は臆せず“とってつける”。

まとめ

「好き×得意」に“豊かな成長産業”を掛け合わせよ！

ワークアウトしよう

Q：「好き×得意」にどんな「成長産業要素」をくっつけた？

例）・「好き×得意」＝ダイエット・エクササイズ

・「成長産業」＝出会いのない人への出会いの提供（オンライン＆リアル）

【答え】ダイエットしながら魅力的になった同士で出会い、結婚する「オンライン・ダイエット＆お見合い・結婚サービス」

………………………………………………………………………………

………………………………………………………………………………

5-8

「教える」「商品にする」「サポートする」「集める」「マッチングする」のどれかに当てはめる

“お金を稼ぐ”には、5つの型がある

さて次に「お金を稼ぐ５つの型」についてご紹介します。あなたが今やろうとしている「アソビジネス」は、５つの型でキャッシュポイントをつくることができます。

1.「教える」…講座、コンサル、コーチング、カウンセリング、トレーニング
2.「商品にする」…生活用品・食品・便利グッズ・衣服・アクセサリー・スポーツレジャー用品
3.「サポートする」…作業、制作、営業開発、宣伝、サービスなどの代行
4.「集める」…イベント、交流会、鑑賞会、展示会などを開催する
5.「マッチングする」…商取引契約、交際、結婚、協業に結びつける

さあ、イメージが湧きましたか？　それでは実際に当てはめて考えてみましょう！

「英語」を活用した「アソビジネス」をするとしたら？

　さて、もしもあなたが英会話の達人だとして、５つの型でアソビジネスのキャッシュポイントをつくってみましょう。

1．「教える」…オンラインで英会話のグループレッスンをする。
2．「商品にする」…英会話教材をつくって販売する。
3．「サポートする」…ビジネス通訳・翻訳の仕事を受託する。
4．「人を集める」…「英語で話さナイト」という「英会話パーティ」を開催。
5．「マッチングする」…英語が話せる外国人を１人10000円で紹介する。

　いかがでしたか？
　キャッシュポイントに意外な広がりが生まれたはずです。

ポイント

▶ １コンテンツをマルチコンテンツ化する。

常識を壊そう

・思い込みでキャッシュポイントを決めない。

まとめ

５つの型で売上は５倍になる！

ワークアウトしよう

Q：「読書習慣」に関係するアソビジネスをしたいときどうするか？

例）速読術を教え、速読術トレーニング教材を売り、書籍の要約サービスを行い、読書会を開催し、読書好き合コンをする

さあ、いかがでしたか？ “好き”で“得意”を、実際の「アソビジネス」にするその第一歩となる章でした。やってみたいことの輪郭がだんだんと見えてきたと思います。

次の章では解像度を上げてますます楽しくクリエイトしていきましょう。

第6章

「やりたいこと」で
大繁盛！
アソビジネス構築法

“遊び”で終わらせない！ 綺麗ごと抜きのビジネス・スキームづくり

アソビジネスは、人生が変わるほど楽しい活動です。そして本業があってのアソビジネスですから、稼げなくても生活に支障はありません。ですが、稼げないよりは稼げたほうが、満足度は断然高くなります。アソビジネスを、単なる遊びで終わらせないために「利益を上げるための考え方」を、本章でご紹介いたします。

6-1

楽しいアソビジネスのシビアな話

やる気を削ぐ「無風状態」を避ける方法

「意気揚々と起業したけれども、まったく利益が上がらないどころか、投資金額がマイナスになってしまった！」

そんな話を聞いたことがありませんか。とはいえ、多くのビジネスは「やってみなければわからない」ものです。

ここで大切なのは「アソビジネス」で“マイナスを出さない”ということ。マイナスさえ出なければ、「超絶楽しい遊びにタダで没頭している」ことになり、一つの目標達成をしたことになります。

もっとも避けたいこと。それは「無風状態」です。「誰からも、何の反応もない状態」が続いてしまうと、やっている意味を感じられなくなってしまいます。

応援し合える「3人組」をつくる

互いのアソビジネスを応援し合える「3人組」をつくることで、無風状態を避けることができます。アソビジネスをやっている友人や仲間内、3人～4人で同盟を結ぶのです。そして以下を日常にします。

- **アイデアをプレゼントし合う**
- **宣伝や集客のサポートをし合う**
- **悩み相談などをし合う**
- **称えあう、褒め合う**
- **コラボイベントを行う**

これらにより、常に夢に向かって活動するサイクルがつくれます。１週間に１回定期的なミーティングを行うなど、一体感を大切にしながらアソビジネスに向き合っていきましょう。

これにより、やる気を失ったり、偏った方向に暴走したり、アイデアに困ることもなくなり、「楽しさ」を維持することができるのです。

ポイント

▶ ３人組で互いのアソビジネスを応援し合う。

常識を壊そう

・アソビジネスは「自分次第」ではなく「仲間次第」。

まとめ

毎週１回、アソビジネスオーナー３人で進捗会議をする。

ワークアウトしよう

Q：自分以外の「アソビジネスオーナー候補者」を２人書き出しましょう。

例）ビーチヨガをしているＡ子さん、読書サークルをしているＢ子さん

6-2

ターゲットをプロファイリングしないと失敗する

ターゲットを狭めると“顧客は増える”

「誰でも買ってください！」は「誰も買ってくれない」。これは、ビジネスの定石です。「誰が商品やサービスを買ってくれるのか？」これを明確にせずにビジネスをすると、失敗の確率が高くなることを表しています。

「え？　ターゲットを決めたら、対象が狭くなっちゃうんじゃない？」最初は、誰もがそのように思います。ターゲットを狭めることに恐怖感すら感じるのです。

しかし、ここはグッと我慢！　この壁を越えることで、想像以上に多くの顧客に愛されるのです。そもそも、アソビジネスは100万人を振り向かせなくていいのです。

世の中のたった1000人、500人、200人、あるいは100人が熱烈なファンになってくれれば成り立ちます。彼らがリピーターになってくれることで、あなたのアソビジネスは十分に利益を稼ぎ出せるのです。

ターゲットの生活スタイルを知る

ターゲットを決めるときに大切なことが1つあります。それは、「そのターゲットが、どのような生活スタイル・ビジネススタイルなのかを知る」ということです。

それを知らずにノリで始めてしまうと“閑古鳥状態”になり、アソビジネスを継続することが、ストレスになってしまいます。そうならないためにも、しっかりとターゲットのプロファイリングをしましょう。明らかにすることは次の２つです。

・彼らが抱えている最大の悩みは何か？

・彼らがお金を払っても手に入れたい理想は何か？

この２つを探り出し、ビジネスの照準を合わせていきます。

ポイント

▶あえてターゲットを狭め、ライフ(ビジネス)スタイルを知る。

常識を壊そう

・広すぎるターゲット設定が「無風状態」をつくる。

まとめ

ターゲットを決め、「悩みと理想」をあぶり出す。

ワークアウトしよう

Q：アソビジネスのターゲットは誰？　ライフスタイルは？　悩みは？　理想は？

例）大都市圏で働く高学歴独身女性。平日はイキイキとハードワーク。仕事に自信と誇りを持つが、取引に失敗して時に落ち込む / ビジネス人脈や友達は多いが「結婚を前提とした恋人」が５年間おらず、心寄せる場所がなく寂しい / 結婚を前提とした異性と出会いたい

……………………………………………………………………

……………………………………………………………………

※切実な悩みを逆探知しよう！

6－3

商品、サービスを「顧客ニーズ」に徹底的に寄せろ！

顧客の「2大ニーズ」が、アソビジネスの価値を上げる

前項で「『ターゲットが抱える深い悩み』と『お金を払ってでも得たい理想像』を知る」についてお話ししました。

ここではこの２つに対し、アソビジネスを「徹底的に寄せる方法」について紹介したいと思います。２つの課題にこれでもか！と寄せることで、アソビジネスの価値は何倍にも上昇し、少ない労力で多くの顧客の興味を惹きつけることができます。

「婚活パーティ」のアソビジネスを「顧客ニーズ」に寄せると？

婚活ニーズが高いターゲットの１つが「大都市圏で働く、高キャリアでオクテ系の女性」です。彼女たちの願いは、恋人候補になりうる、最初の１人の「男性」との出会いです。

ここで間違ってはいけないのが、おなじ高学歴、高キャリア女性でもニーズはまったく異なるということです。「高学歴、高キャリアで恋愛上手で華やかな女性」のニーズは「出会いたい」ではなく、「結婚相手を正確に選びたい」であり、「多くの中から本命を選び出すための効率化」です。そして、そもそも婚活サービスなどは不要なのです。これも、「ターゲットのリアルを知る」ことの明白な実例です。

では、「大都市圏で働く高キャリア＆オクテ系の女性」の真のニーズに対し「婚活パーティサービス」を寄せると、どうなるで

しょう？　まずは、ターゲットのプロファイルからです。

・ターゲット：大都市圏で働く高学歴独身女性・出会いがないオクテなハードワーカー。
・ライフスタイル：平日はイキイキとハードワーク。仕事に自信と誇りを持っているが、取引に失敗して時に落ち込む。
・深い悩み：「結婚を前提とした恋人」が5年間おらず、心寄せる場所がなく寂しい。女性として見てくれない。男性の友人もなく、出会いもない。男性とうちとけるのが苦手。
・理想：結婚を前提とした男性と出会いたい。
→平日18：30～の婚活パーティには参加できない / 総合職系の高学歴男性でないと話が合わない / 一軍モテ男性はターゲットではない。堅実で保守的な性格の男性がターゲット / 男性との雑談が苦手、仕事の話からならフリートークがしやすい / 自分の強みは仕事

【このターゲットのニーズに寄せたアレンジ案】

金曜日の20時30分などの遅い時間から、読書好きで高学歴かつ、おとなし目の男性を5名集め、「心に残った1冊を発表しあう会」を“表向きテーマ”にした食事会を10人で催す。

前半は、各自の「お勧め書籍発表会」で、後半は楽しい飲み会。表向きは「出会い色」を出さず、“匂わすに留める”。それによりオクテ、かつプライドが高い人でも参加しやすくする。「読書」を軸にインドア系同士でも会話が成立しやすい状態をつくる。

となり、独身で婚活中の男女限定の「金曜夜の読書好きの集い」として会員化。これで「ニーズ」に徹底的に寄せ、「価値を高める」ことができるのです。

ポイント

▶ 泣くほど困っている人の本音は何か？

常識を壊そう

・ニーズはネット上にない！　本人に聞く。

まとめ

「悩みの谷」を知るために、ターゲットと 30 分話してみる。

ワークアウトしよう

Q：本音を聞き出せるターゲットの候補者名を書き出そう！

※たった一人でもいい！リアルに困っている人は誰だろう？

6-4

競合調査で強みを知る

競合調査は、諦めるための作業ではない

ビジネスセオリーとして「競合調査をすべきである」という定石があります。これは競合がいたら、もう諦めろという意味ではありません。むしろそれは、そこに「市場」が存在しているということを証明する、ラッキーなことなのです。

アソビジネスは、世の中になかったものを組み合わせ、かつ自分がやりたいことの要素がふんだんに組み込まれているものです。それは「今まで存在しなかったもの」であり、そもそも、そこに確実にニーズがあるかどうかも不明です。

そんな不利な状態のなかで、すでに市場があるということは、“顧客がいる”ということ。つまりは、「競合を知ったうえで、さらに差別化された商品やサービスを提供すればいい」ということなのです。

競合調査は宝の山!～マトリックスを使いこなせ～

競合調査は、主にインターネット上で行います。やろうとしているアソビジネスの関連キーワードを 、Google や Yahoo などの検索窓に入れてエンターを押すだけ。検索結果をエクセルにまとめていきます。

競合サービス名：
運営会社：
URL：

特徴：
なぜこれがうまくいってるかの推察：
自身のアソビジネスの優位性のアイデア：

ここで大切なのは、一番最後の「自身のアソビジネスの優位性のためのアイデア」です。競合を発見して、そこで諦めるのではなく、差別化するためのアイデアを発想し、タイトルやサブタイトル、キャッチフレーズなどに活かしていきます。

ポイント

▶ 競合調査はさらなるアイデア発想のための「素材集め」。

常識を壊そう

・「競合発見＝やってはいけない」という思い込みを捨てる。

まとめ

競合の存在は「市場があり」「産業化されている」＝ビジネスになることの証明。

ワークアウトしよう

Q：検索をして競合サービスを３つ以上見つけよう！

……………………………………………………………………

……………………………………………………………………

※さあ！　宝探しです！　どんなサービスがありましたか？

6-5

あなたの「アソビジネス」は“どこが”日本一なのか？

あなたが“日本一”になれる“たった1つの理由”

アソビジネスで成功するためのある秘策があります。それは「日本一になる」ということ。「え？　日本一なんて難しい！」そう思ったでしょうか？　しかし、実際はそんなことありません。あなたも必ず何かの分野で日本一になれるのです。

「特定の分野をつくってしまえばいい」

この方法を使えば、誰でも日本一になることができます。たとえば私の場合も、とても狭くてマニアックな世界を設定しています。そうすることによって、以下のような「日本一キャッチフレーズ」を“自称”することができます。

日本一売れている著者というと「嘘」ですし、“日本一本を出している”なども事実ではありません。でも、

「日本一、“イベント”を主催する著者」

は嘘ではありません。

5 年間 281 週、イベントの現場に立ち続け、口コミで 8000 人を集めた、70 冊以上書いた著者はいない、ということです。実際に、4 チーム 40 人の構成員からなる主催チームをつくって、クルージングと陸上での DJ ラウンジイベントを行い、日経新聞やテレビ朝日にも登場しました。

この「70 冊以上書いた」という部分で“条件を狭める”のがポイントです。もっとすごい人数が集まるイベント・セミナー・

コンサート・スポーツ興行をする人は山ほどいます。でも上記のように「条件・分野」を狭めることで“自称日本一”が成り立つのです。

また、「日本一著者の気持ちがわかる出版プロユーサー」のキャッチフレーズも同様です。本の編集力などに関しては、出版社の編集者の方には到底かないません。

しかし、70冊以上の執筆の経験から、出版デビュー戦に臨む著者の不安に寄り添い、プロのリングに送り出す立ち位置に関しては日本一です。

今までに7000回以上の「著者デビューのためのミット打ち」を現役プロ著者として行なってきた「7000」という数字も同様に“うまく使って”います。

あなたはすでにオンリーワンの要素を持っている

ここではっきり言います。あなたはすでにオンリーワンの要素を持っています。なぜそんなことが言えるのか？　それは「大好きで得意な対象」を組み合わせて、今まで「世の中になかったアソビジネス」をつくり出しているからです。

とくに異質なもの同士の組み合わせであればあるほど、その化学反応は大きくなります。人々はその意外性に驚き、人に話したくなるのです。それだけではありません。メディアもあなたを放って置かないでしょう。メディアがあなたのアソビジネスを見つければ取材に訪れることは必至です。

ポイント

▶ 特定の分野を勝手につくって、そこで日本一を自称する。

常識を壊そう

・元々世の中に存在する基準の中で戦わない。

まとめ

新分野の“第一人者”を思い切って自称してしまおう！

ワークアウトしよう

Q：自分に日本一のキャッチフレーズをつけてみよう！

例）日本一“卵ごはんのつくり方にうるさい”料理教室校長

※さあ！　あなたも今日から日本一！

ムダなサービスを削ぎ落しシンプルに！

伝えるメリットは“1メッセージ”でいい！

唐突ですが、ここで質問です。「幕の内弁当」と「激辛グリーンカレー弁当」とでは、どちらが熱烈なファンが多いでしょう？

答えは「激辛グリーンカレー弁当」です。

マニアックなものにこそ熱烈なファンがつきます。そして、私たちがアソビジネスにおいて目指すのは、この「激辛グリーンカレー弁当」です。

ラーメン店でも同じです。

塩ラーメン専門店　　**普通のラーメン屋**

並んででも行きたくなるのはどちらでしょうか？　答えは塩ラーメン専門店です。ここで大切なことは、「徹底的に１つに絞り、それを研ぎ澄まし、質を上げ、それをメインで強く打ち出す」ということです。もちろん他のメニューもあってもいいのですが、それは看板メニューではなく、端っこのほうに小さく、こういうものもありますよと付け加えておく——これがアソビジネスを行う場合の鉄則です。

情報洪水の時代、「専門店化」は必須の差別化戦略

現代は、「情報洪水時代」と言われています。24時間365日、私たちの頭はスマホと接続され、新しい情報がどんどん飛び込んできます。

その新しい情報の送り手のほとんどは、高額な広告料を払って商品やサービスをＰＲする大手企業またはベンチャー企業です。

そんな情報の洪水の中で埋もれないためには、「たった１つの強みを研ぎ澄ます」ことが重要です。

ポイント

▶たった１つの強みを圧倒的に磨き上げ、強く前に押す。

常識を壊そう

・“全員に愛されたい”が、アソビジネスを“味のしないガム”にしてしまう。

まとめ

一番の強みを、フルスイングで前に出す！

ワークアウトしよう

Q：アソビジネスの中で強みをたった一つ残すとすれば何？

例)「Web メディア」で連載デビューするための文章教室

※勇気を出して削ぎ落とす！

6－7

ありえない×ありえない＝超ありえないけどすごい！

「異色の組み合わせビジネス」に、メディアがこぞって取材に来る

2020年に起こったコロナ禍により、世界中のビジネスが大きな打撃を受けました。しかしそれは同時に、新しいビジネスを構築するきっかけともなったのです。世の中には、今までにはなかった組み合わせのビジネスが生まれ、生き残りや成長のきっかけとなったのです。

養老乃瀧（居酒屋チェーン）は料理教室を開催して、旅行会社と連携し、ツアー会社の予約サイトに特設ページを設置しました。

また埼玉県神川町の「白寿の湯」は地元の酒蔵と手を組み、日本酒風呂を提供、美肌効果を期待した顧客が増加。テレビでも紹介されました。

何度も言いますが、このような「異色の組み合わせ」は、新しい商品効果や価値を生み出すだけではなく、メディアに取材されやすい「立ち位置」をつくることができるのです。

ありえない組み合わせでメガヒットさせる公式

ここで実際に、“ありえないけどすごい”未来のアソビジネスについて考えてみましょう。ライフワークディスカバリーカードを活用しての異色のコラボを考案するだけでなく、以下の公式にもあてはめて考えてみてほしいと思います。

公式１：「今流行っているビジネス同士」を合体させる
　例）ジェンダーレス＋キャンプ＝ LGBTQ キャンプイベント

公式２：「伝統的ビジネス」と「最新のビジネス」を合体させる
例）和菓子＋グランピング＋フードデリバリー
グランピング施設で和菓子パーティをしたい顧客のために、グランピング施設に和菓子職人を派遣、和菓子づくりの実演販売を行う。和と洋の共演。

公式３：サービスの上流と下流を合体させる
例）副業教育＋転職コンサル＋自己分析サポート＋職業斡旋
副業のスキルを学んだ人が、副業が可能な企業に転職するための知識取得・自己分析をサポート。最終的には転職先も斡旋する。

公式４：ＳＤＧｓ視点で考えてみる
例）「果物の皮」など「廃材」の「効能」に光を当て美容液、石鹸などをつくる＝果物の皮から採れたポリフェノール美容液、石鹸。

　この異質なモノ同士の一見「非常識な組み合わせ」こそが、広告の何百倍の効果にも達するメディア取材を引き寄せ、そして話題の商品サービスとして世に出るきっかけとなるのです。

ポイント

▶ 異質すぎる組み合わせで話題をつくる。

常識を壊そう

・正反対のモノ同士も“試し”にくっつけてみる。

まとめ

第一印象の“ありえなさ”がメディア取材を引き寄せる。

ワークアウトしよう

Q：あなたのアソビジネスを「正反対」のものと組み合わせると？

例）「大好きで得意なビジネス発見の支援」だけでなく、「大嫌いで不得意な仕事を乗り切るためのマインドセット」を教える

※出典：「ぺこぱポジティブNEWS」2022年2月24日（木）放送内容
2022年2月24日（木）02:36～02:56　テレビ朝日

6-8

価格設定は、「世界観と価値の説明」で決まる！

安売りして疲弊しないための“たった1つの法則”

安売りすると一見、たくさん売れて商売が繁盛するような気がします。しかし、その選択がアソビジネスを台無しにしてしまいます。利益が出ないうえに、顧客の質も落ち、最終的には疲れ切ってしまうのです。

ですから、安くするのは「お試し商品」だけにとどめておくことが重要です。もしどうしても安く売りたいのならば、“□□しかしない”と“省力化”し、大量生産（サービス）するしかありません。

「髪を切るだけ、シャンプーも会話もナシの1000円カット」のようにです。価格を安くして、あれもこれもやると、疲れ切った未来がやってきます。

「そんなことを言っても実績もないし、一個人だし、高くしたら売れない」

その場合も「価値をつくり、価値をしっかり伝える」ことで“高くても売れる”が実現できます。

ポイント

「こだわりの価値」を乗せ「しっかり伝える」

個人事業主や中小零細企業は、大手企業のように、大量生産による低価格販売ができません。また、市場全体に浸透させるための宣伝費用もないのです。

　従って、「こだわりの技や手間暇」をきちんと価値として伝え、“高く売る”ことが重要です。個人や中小零細的立ち位置の人こそ“高く”売り、じっくりと“良いもの”を提供すべきなのです。

・恋が叶う○○神社に7日間願掛けをし、30日間△△の葉で磨き上げた「恋に効くラブパワーストーン・アクセサリー」

　たとえば、このようなこだわりをサイト上でもしっかり説明し、購入顧客には実際の願掛けや石磨きの写真も日付入りの写真付きで送付します。

・「◎◎絹」と「☆☆の殺菌素材」と「◇◇によるデザイン」を施した、30日かけてつくったオーダーメイドの高級マスク

・人生の経緯を4時間ヒアリングし、12視点による分析を21日間かけて行う「人生相談」

　効能商品や問題解決サービスの場合は、どんな思いでどれだけ努力したか？　どんな手法を使ったか？　だけでなく、実際の期待できる「効果」「結果」をきちんと伝えることが高価値化の近道になります。

　その場合、逆に「高くない」と“怪しい”になってしまうこともあるので、しっかりと値付けをすることが重要です。

常識を壊そう

・安いことが正解とは限らない。

まとめ

付加価値＋価値説明＋高価格化＝顧客満足。

ワークアウトしよう

Q：どんな高価値化が可能か？

Q：ターゲットはどう変わるか？

Q：価格はいくらになるか？

※利益をしっかり頂き、丁寧に心こめてお客様と向き合いましょう♪

6-9

大切なのは「売る前」よりも「売った後」

既存顧客を「一生客」に変える、たった1つの心がけ

誰もが知ってる当たり前のことでありながら、多くの人が忘れてしまいがちな法則があります。それが以下です。

「新規顧客獲得よりも既存顧客を大切にする」

なぜそんなことが言えるのでしょうか？　それは、既存顧客は、既にあなたのアソビジネスに興味を持ち、度重なるジャッジの末に、信頼し顧客になってくれた方だからです。一人の消費者が顧客になるまでには、様々なカスタマージャーニーがあります。

「探す」→「見つける」→「比較検討する」→「費用対効果を考える」→「購入しようかどうか迷う」→「購入を決定する」→「商品やサービスを受け取る」。

このような過程を経て、奇跡的にあなたの顧客になってくれた方々です。

ここで大切なことは、この方々を感動させ、大切にするということ。これにより、末永くリピーターになり、口コミをしてくれるまで向き合う必要があります。

「新規顧客の獲得」は「既存顧客リピート確保」よりも数倍困難であり、非効率である――このことを思い出し、まずは目の前の 20 人、30 人の既存顧客を大切にしましょう。

「なぜ申し込んでくれたのですか?」この質問がビジネスを飛躍させる

ここでお客様にぜひ聞いてみていただきたい質問があります。この、たった１つの質問をするだけであなたのアソビジネスは大きく飛躍します。

「なぜ商品・サービスに申し込んでくれたのですか？」

この質問により、あなたは「自分の商品やサービスの最大の強み」に気づくことができます。その強みをどんどん磨き上げ、そして最大限にアピールしていけばいいのです。

またもう１つ、アソビジネスが持続的に成長していく鉄則があります。

それが、

「お客様紹介制度」

です。

お客様を紹介してくれた方に、１回無料レッスン券や紹介料を設定します。これにより、どんどん新規顧客を自動的に紹介してくれる流れがつくれるのです。

ポイント

▶ 優良顧客化３ステップを実施する。

「感動のサービスを提供する」＋「サービス完了後も接点を持ち続ける（コミュニティ・食事会)」＋「お客様紹介制度を設ける」

常識を壊そう

・新規顧客開拓４割、既存顧客満足６割。

まとめ

目の前のお客様に「人に言いたくなる感動」を伝える。

ワークアウトしよう

Q：既存のお客様に何をプレゼントしますか？

例）お客様同士の交流会／無料の勉強会／アフターケア無料コンサルティング

……………………………………………………………………………

……………………………………………………………………………

※お客様と心が通じ合う“幸せな時間”を楽しみましょう♪

第7章

10倍儲かる「ビジネスモデル×価格設定」のヒント

儲かるか、儲からないかは“仕組み”が9割

大好きで得意なアソビジネスに没頭すると、楽しすぎて、時間の感覚さえなくなります。この章では、アソビジネスが“さらにもっと楽しくなるための秘訣”を紹介します。

さらに楽しくなるためには「きちんと儲ける」ことが大切です。儲かるか儲からないかは「仕組み」が９割と言っても過言ではありません。

さっそくその秘訣を解説していきましょう。

7-1

フロー型とストック型――自動増益の仕組み

お金の流れが「累積」していくビジネスモデル

世の中のビジネスは「フロー型」と「ストック型」という2つの型に分けられます。図にすると以下のようになります。

フロー型ビジネス=単発売上　毎回新規開拓が必要

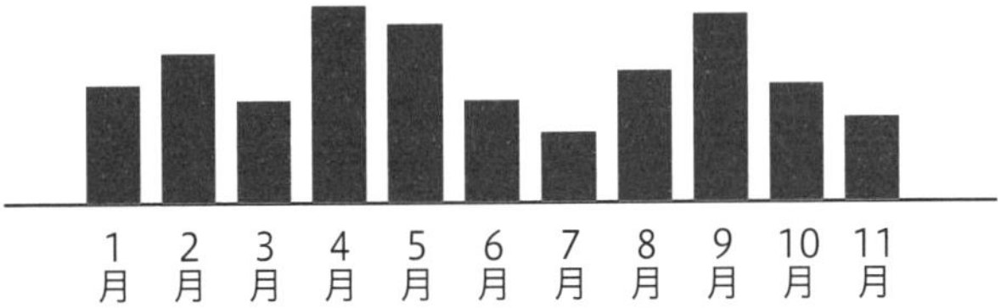

ストック型ビジネス=サブスク（継続売上）
新規開拓のたびに売上が積み重なる

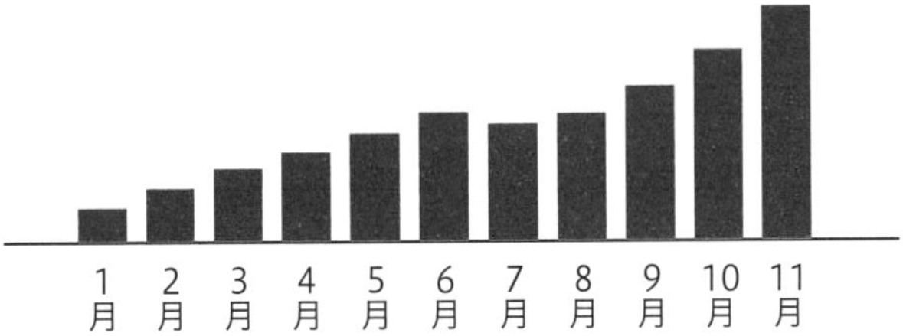

さて、潤沢な収益が得られるのはどちらでしょうか？　答えは「ストック型」です。アソビジネスにおいても、ストック型のビジネスを目指すことが経済的に成功する大切なポイントになります。

もちろんすべてのビジネスをストック型にすることは難しいでしょう。ですが、「なるべくストック型に近づける」を心がけることにより、あなたのアソビジネスはどんどん豊かなものへとシフトしていきます。

・フロー型：１回単発で商品やサービスを販売するビジネス

・ストック型：会員制（サブスク）のような形で、一度獲得したお金の流れが継続するビジネス

会費制・会員制にして“おトク感”と“特別感”を演出する

フロー型をストック型にするための代表的な考え方を以下に紹介します。以下の公式を活用して、あなたのアソビジネスを「ストック型（またはそれに準ずる）」のビジネスに近づけてみましょう。

・月３万円で自社オリジナル商品の製造販売（通販）の方法が学べるオンラインサロン。質問は無制限。ただし、質問の方法にはルールあり

・月会費 3,000 円＋１回 3,000 円（40 分）の受講料で英会話レッスンを提供する英会話スクール。会員以外の一般レッスンは１回 6,000 円。１回 40 分 3,000 円の受講料は講師にすべて渡す。入会者が増えれば増えるほど、会費部分が毎月定額の収入になる

・月会費 15,000 円で文章の添削を５回以内を限度にやってもらえるサービス。会員が増えることで毎月の定収入が増える。完全予約制

・ＦＣ事業全般。契約金をいただき、立ち上げと運営のノウハウを伝え、開業・集客協力をして運営の相談にも乗る。毎月売り上げの７％をいただく

ポイント

▶ 単発サービスではなく会員化することで、そのサービスが顧客の生活の一部になる。

常識を壊そう

・単発サービスの方が「顧客にとって便利」という思い込みを捨てる。

まとめ

「月会費制で使い放題」＋「特別オプション」の型に一度は当てはめてみる。

ワークアウトしよう

Q：もしも、自分のアソビジネスをストック型にしたら？

例）月会費15,000円でLINE恋愛相談無制限！　1回の相談は200文字以内。返答は箇条書きで、結論と理由のみ返信するサービス（会員30名限定・有料の出会いパーティ参加権あり）

……………………………………………………………………………

……………………………………………………………………………

7－2

「体験→入会」の薄利多売型サービスの成功法

会費が5,000円から1万円台のスポーツや教育のサロン、ジム、勉強会

　お手頃な月会費を設定し、自動引き落としにしてレッスンやイベントを実施――これは、理想的なアソビジネスの形態の１つと言えます。

　自動引き落としシステムをネット検索で見つけて契約をし、お客様には、入会時に自動引落とし申込書、あるいはカード決済をしてもらいます。これにより毎月の費用の徴収が不要になります。

　会費が安いぶん、誰でも気軽に入会してくれそうなイメージがありますが、それでもやはり定期的な引き落としとなると、お客様の判断は慎重になります。ここで言えるのは以下のことです。

「入会するかどうかは、体験会の感動が９割」

　このパターンの場合、入会するかどうかは「体験会の感動・満足度」で９割決まってしまいます。そのため、体験時に全力を尽くす必要があります。

　主催者の人柄、雰囲気、提供されるメニューのクオリティなど、すべてのクオリティを上げていくこと。そしてそのお客様が未来に何を求めているのか？をしっかり聞き取り、その未来に寄り添うことが重要です。

既存会員を“幸せ”にすると自然に会員が増える

もう一つ大切なことがあります。それは「既存会員」に常に感動してもらうということです。既存メンバーの満足度が高ければ、必ず友人・知人を連れてきてくれます。たとえば会員限定のイベント発表会などを設けることで、高揚感を高めることができます。

逆に既存会員さんの満足度が低ければ、会員がどんどん減っていき、ストック型ビジネスとは言えない状態になってしまう可能性もあります。

そして外部への告知ももちろん大切です。ビジュアル的な“アピール度”が高いジャンルの場合は、インスタグラムやTikTokなどで、毎日発信すると良いでしょう。

TikTokやインスタグラムは10代から30代40代の男女が中心、Facebookは40代以上の男女、Twitterは全世代男女となります。

またYouTube動画を随時アップして顧客に告知するという、令和流の宣伝方法を駆使する必要もあります。

ポイント

▶顧客が夢に近づくまでの工程をホームページに記載する。

常識を壊そう

・体験会参加者に「料金やシステム」を堂々と説明してよい。

まとめ

体験者を感動させ、既存会員をワクワクさせる両輪が大切。

ワークアウトしよう

Q：あなたならどんな体験会を行う？

例）ゴールイメージの説明をし、ゴールまでの工程を解説。コースの適性診断をし、最初のワークをやってもらい、良いところを見つけて褒める

7-3

自分以外の人に「任せる仕組み」をつくる

自分が休んでも回る仕組みをつくる

「いつまでも忙しい社長は、いつまでも成功しない」

これは「経営の鉄則」として、よく言われる名言です。忙しい社長は「じっくりと戦略や企画を練る時間がなく、戦略を見誤り、組織づくりもままならない」という意味です。

言い換えれば、これは「一番重要な部分を自分でやり、それ以外は自分よりも得意な人に“お任せ”してしまいましょう」ということ。

最初は、もちろん全部自分でやらなければいけませんし、それ自体が楽しいものです。でも、ある時期を過ぎたならば、仕事の質を上げるため、そしてアソビジネスをゆとりを持って楽しむためにも、「誰かに任せる勇気」が必要なのです。

ビジネスを構築しながら「マニュアル」もつくる

人材の育成は「マニュアルが９割」といっても過言ではありません。マニュアルがあることによって、口下手な人でも人材育成が可能になります。つまりは、大学生のアルバイトでも、あなたのアソビジネスを手伝うことができるようになるということ。

ではもしも、マニュアルをつくらずに人材育成するとどうなるか？

- **毎回同じことを説明しなければいけない**
- **人によって教える内容にバラつきが出る**
- **教育自体が行われなくなる**

などの状態になってしまいます。マニュアルをつくることはちょっとだけ面倒かもしれません。でも、１回つくっておくことで、自分以外のスタッフが育ち、アソビジネスのクオリティが一気にアップするのです。

ポイント

▶ マニュアルづくりの「１時間の手間」がアソビジネスを 10 倍伸ばす！

常識を壊そう

・人は皆「マニュアルに縛られたくない！」という思い込みを捨てる＝ルールがないと人は不安になる。

まとめ

仕事を“つくり”ながら「マニュアル」をつくれ！

ワークアウトしよう

Q：今つくるべきマニュアルは？

例）毎月開催の「グルメイベント」のタイムテーブル、役割分担、準備作業一覧をつくって配る

7-4

お客様を集めたオフ会が、アソビジネスを加速する！

「楽しさ」が倍増し「収益」も増える“魔法のボタン”

商品やサービスの販売を、個々のお客様に提供している方には「リアルなオフ会」をお勧めします。オフ会については「食事会」「交流会」「講習会」「発表会」と定義させてください。

オフ会をすることで、以下のようなメリットが生まれます。

1．商品やサービスへのエンゲージメントが高まり、さらに売れる。
2．イベント参加料、講習会参加料などの収益が得られる。
3．代理店・業務提携などを増やせる。
4．参加者がＳＮＳなどにオフ会の様子を拡散してくれる。
5．商品やサービスの理念や思いを伝えることができる。
6．リアルにお客様と話すことで、幸福感・使命感を感じられる。

つまりは、
「ビジネスチャンスが生まれる」
「自分自身のフルネスが高まる」
といった２つのメリットが生まれるのです。

とくに多くの出会いが生まれ、人と人の絆が生まれることは何よりの希望となるでしょう。ファッションコーディネート業を営むある女性は 、同行ショッピングなどを通じマンツーマンのサービス提供をしていました。収入源は「同行ショッピング料」と「お店からのキックバック」の2本柱。

男女対象にこのサービスを展開していたのですが、あるとき、お客様同士を集めた「ファッションをテーマにしたパーティ」を開催しました。すると、これが大盛況で、収益を得ながら、既存顧客の満足度を上げ、新規顧客の紹介も激増しました。

「このファッションコーディネーターと関わっていると、新しい人脈や恋愛につながる出会いも提供してくれる」という付加価値を与えることができたからです。

お客様が集まることによって全員に直接、「思いやパーパス」を伝えることができます。パーパスとは「事業の在り方」のことであり、令和においてはパーパスを顧客に届けることはとても重要なことと言われています。

「ファッションで、お客様の人生を変えたい」

この思いをしっかり、既存客の皆さんに伝えることができたのです。

またオフ会は、「ウエルネス（幸福）」を感じる大切な時間でもあります。アソビジネスはお金のためだけに行うものではなく、「幸せになるために行うビジネス」です。オフ会で感じられる一体感や感動は、生涯忘れられないものとなるでしょう。

また彼女はこの会合の際に、プレミアム会員の募集も行いました。毎月１万円の会費を支払うと、一定数のファッションアドバイスがタダで受けられたり、イベントに割引で参加できるといったような仕組みを、あらたに提供しました。

どんなアソビジネスでも「オフ会」はできる！

たとえば、以下のように「お客様交流会・展示会・講習会・代理店＆業務提携説明会」を付加することで、多くのメリットが生まれます。

・ハンドメイドアクセサリー
　→お客様交流パーティ／販売会／アクセサリー制作講習会
・恋愛カウンセリング
　→ファッション講習会／趣味をテーマにした交流会
・キャリア（生き方）カウンセリング
　→識者を講師にした「キャリア講習会」／副業講座／食事会／交流パーティ
・Ｔシャツ販売
　→アウトドアイベント / Ｔシャツづくり講習会 / 展示会兼パーティ
・便利グッズ製造販売
　→お客様交流パーティ / 代理店説明会＆食事会
・化粧品製造販売
　→お客様交流パーティ / 代理店説明会＆食事会
・スイーツ製造販売
　→スイーツパーティ / スイーツづくり講習会

　オフ会によりブランド（商品・サービス）を好きになってもらうことができ、お客様とのサスティナブルな関係が強化されます。

ポイント

▶「集まる場」をつくるだけで、アソビジネスの価値は倍増する。

常識を壊そう

・「デジタル完結で全部すませればいい！」が成長を阻む。

まとめ

集まる、つなげる、分かち合う、教える、仕事仲間にする。

ワークアウトしよう

Q：あなたのアソビジネスでオフ会をするとどうなる？

例）マンツーマン英会話レッスンの生徒さんに集まってもらい、英語スピーチ大会を開催、一般参加も応援聴講可にする。その後食事会を開催する

7-5

「魅力的な顧客」ほど“VIP限定会員”が大好物

富裕層向けのスペシャルコースをつくる

アソビジネスをやるならば、必ずメニューの中に「VIP コース」を設けることです。スペシャルなメニューをつくり、通常の数倍の価格をつけるのです。

VIP コースを設けることによって「成功者」と関わることができ、人生の大きな学びを得ることができます。そして何よりのメリットは、大きな売上を得ることができるということです。

VIP コースを設けるメリットは、それだけにとどまりません。「より良い商品やサービスを届けるべく、あなた自身が本気になる」ということです。

高いお金をいただいているからこそ、それに見合った高品質な仕事を命をかけてやろうとするのです。

富裕層が、どんなサービスをいくらで買っているのかを調べる

富裕層と呼ばれる人たちは、高い付加価値を得るためならば、いくらでもお金をかけると言っても過言ではありません。

さて、ここでサービスの内容や価格を考えるためにやっておくべきことがあります。それは富裕層がどのようなサービスや商品に、どれぐらいのお金をかけて、どのような付加価値を得ているのか？　それを調べるということです。

・高級車購入顧客限定のサロン
・富裕層向けのオーダーメイド旅行会社

・富裕層向けのオーダーメイドスーツ会社
・富裕層向けの飲食店
・富裕層向けのマッサージサロン

　などなど世の中にはたくさんの富裕層向けのサービスや商品があります。そのサービスの内容やビジネスモデルをしっかりと研究してみるのです。これにより、あなた自身が行うべき努力の内容が見えてくるはずです。

ポイント

▶ 富裕層は特別なものにならいくらでもお金を払う。

常識を壊そう

・スペシャルな商品やサービスを考えて、５倍から１０倍の値段をつける。

まとめ

富裕層向けの商品やサービスを徹底的に調べる。

ワークアウトしよう

Q：あなたのアソビジネスにVIP向けメニューを付け加えたら？
例）会社の引っ越し先を四柱推命・風水・陰陽師・タロットなど15種類の診断でアドバイスする１回50万円の鑑定

7-6 自分の弟子がその弟子を教える「協会型ビジネス」

一度教育して育てた人が、先生やインストラクターになり、また教える仕組み

教育型のビジネスをやっている方にお勧めの方法があります。それが「協会方式＝家元制度」です。これは、どんな方式のことを言うのでしょうか？

1．受講者に一定の技術を教えて育成する。
2．優秀な人を「自分の代わりに教えられる指導員」にする（教え方も教える）。
3．指導員に「集客のノウハウ」も教える。
4．「指導員」を育てる「指導員育成指導員」も育成する。
5．自動的に活動やビジネスが拡大していく。

このような形式のことを言います。次ページで図にしました。

「自分以外に教える人がいる」というだけでも、スケールメリットは広がります。あなたは代表として受講者獲得のための告知やブランディングに尽力すればいいのです。

受講者を一人前のプレイヤーに育てたら、今度は教えるプロに育てる。そのための研修会を定期的に入念に行うことが重要です。

世の中で自動的に大きくなる組織は、すべてこの仕組みで拡大しています。大企業も同じで、主任が部下を育て、課長が主任を育成させ、部長が課長の成長を見守ります。同様の教育体制をつくることで、あなたのアソビジネスは倍々ゲームで拡大していき

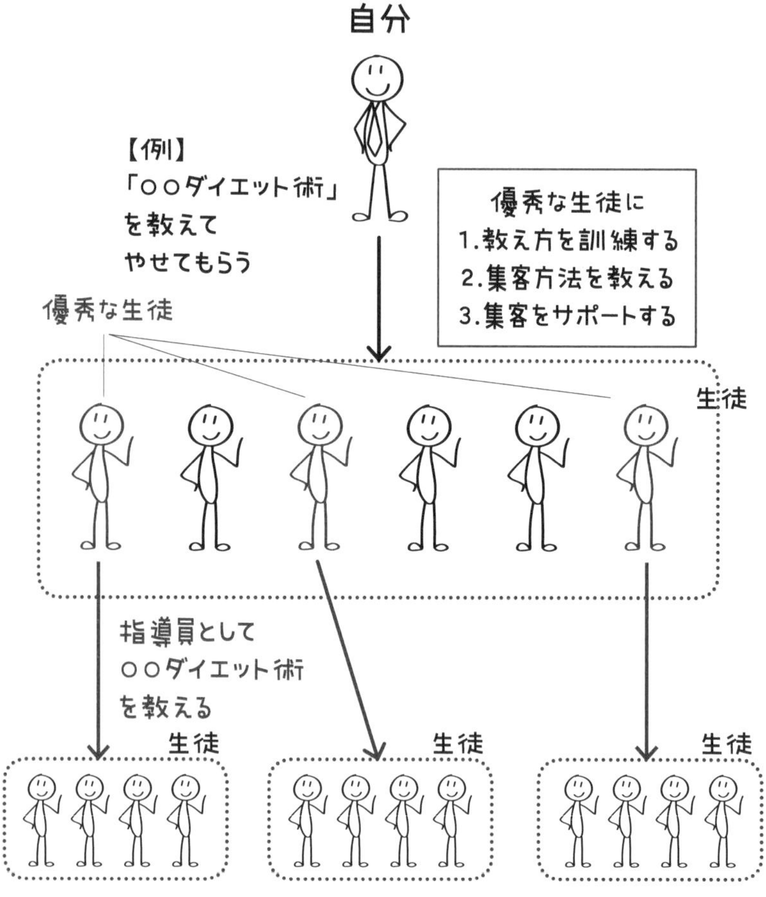

・入金はすべて本部へ
・指導員には講師料を支払う
・指導員が集客したらインセンティブを支払う
・自分は宣伝・ブランディングをして価値を高める

ます。

収益の急増は、志を同じにする指導員が3人以上になってから

さてここで、収益が倍々で増えるコツについてお話しします。実際にこのシステムで事業を大きくしている方々へ調査をすると、

「志を同じにする指導員が 3 人以上になってから収益が倍々で増えていく」

といった結果を得ています。その理由は以下のようになります。

- **自分がノウハウを教えなくても、誰かが教えるから**
- **自分以外の指導員が集客してくれるから**
- **自分は、本を出したり、メディア活動をするなど広報宣伝に注力できる。協会のブランドが向上し、指導員も生徒を獲得しやすくなるから**

このような好循環ができ上がります。

この方式で年商 5,000 万円以上、 2 億円前後を売り上げる協会が世の中にはたくさんあります。事務局以外の人件費がかからない、利益率が大きい、素晴らしいビジネスモデルと言えます。

一度教育して育てた人が、先生やインストラクターになり、複数の講師が同時並行で各所で教える仕組みができれば、時間もお金もフルネス度も高い状態ができ上がります。

ポイント

▶ 生徒の中から優秀な人を指導員にスカウトする。

常識を壊そう

・自分が１人で教え続ける前提で考えない。

まとめ

生徒を指導員に育て、集客方法も教えて、自分は協会全体の価値を上げる。

ワークアウトしよう

Q：指導員になってもらうとしたら、誰になってもらいたい？

7-7

「超個性的な商品」をつくる

強烈な個性でハートを掴み、たった数百人に愛されればいい

「超個性的な商品やサービス」を提供する！　これができた人は、労せずに多くの注目を集め、メディア取材すらもドシドシ引き寄せることができます。

私たちのアソビジネスは、大企業のようなビジネスではありません。ごくごく一定数の限られたお客様がご愛顧くだされば成り立つビジネスなのです。

その逆を言えば「熱烈なファン以外の人は対象にしなくてもいい」ということなのです。たった100人、あるいは数百人のお客様が、熱狂してくれて、繰り返し利用してくださる。あるいは高い金額を払ってくださる。まずはそれを目指していきましょう。

そのために必要なのが「強烈な個性」です。

「でも、個性を出せと言われても、何をどうしたらいいかわからない！」

そのような人も安心してください。次のコーナーでは、誰でもアソビジネスで個性を表現できるヒントを紹介します。

「超個性的商品・サービス」クリエイティブシート

さあ、以下を眺めながら、上にかぶせてどんどんアイデアを出していきましょう。きっと個性的なアイデアがたくさん湧き上がるはずです。

服…社会的メッセージ記載、特殊素材、特殊デザイン

アクセサリー…漂流物、虫、骨、廃材などありえない素材

便利グッズ…特許、実用新案、意匠取得に匹敵するアイデア発明品に寄せる

コンサルティング（カウンセリング）…失恋救急 ER、深夜限定の人生相談など、大手企業が絶対やらなそうなことに寄せる

イベント、セミナー…サバイバル、レアグルメ、門外不出知識、特殊職業ノウハウ

化粧品…自然抽出成分のなかで特殊成分を混合（ただし成分認可がとれているもの）※過去例：炭石鹸、炭歯磨きなど、

食品…原産地の特殊性、原材料の成分の特殊性、つくり方の特殊性、含有養分の特殊性、色、大きさの特殊性（インスタ映え）

店…2000 円もする超高級かき氷屋、２坪しかない BAR、ずっと未完成なカフェ、どこにあるかわからないカフェ、離婚１年以内のお客様限定のＢＡＲ、など、とにかく人に伝えたくなるような歌《か》舞《ぶ》いたコンセプト

さあいかがでしょうか。奇抜なアイデアを考えるには、大きくしてみる、小さくしてみる、くっつけてみる、逆にしてみる、というパズルの他、最近は「強制コンテンツを入れてみる（原稿が書きあがるまで店を出られないカフェ）」「限定コンテンツを加える（１日３組までです／賞味期限 60 分です）」「入り口をタダにしてみる」「社会を良くするパーパスをこれでもかと主張する（社会への痛烈な自己主張）」という個性も人気です。

「馬鹿じゃないの？　嘘でしょ？　何それ？　ありえないんですけど？」

誰かにそう言われたらもう成功です。

ポイント

▶ ひねって、とがって、目立って、マニアに愛される。

常識を壊そう

・100万人ではなく、目の前の500人を熱狂させる。

まとめ

強烈な個性が100万ドルの「広告効果」と「熱狂効果」を生む。

ワークアウトしよう

Q：さあ、何をとがらせて「え？　何それ？（笑）」って言わせる？

例）キックボクシングジムとワークカフェを合体させ、作業でストレス溜まったら、ミット打ち、サンドバックにキック＆パンチ、対人練習する「キック＆ワークカフェ」

7-8

個人ではなく、企業を対象にしてみる

BtoBにするだけで、値段は5倍に跳ね上がる

あなたがもし今、個人向けのアソビジネスを展開しているとしたら、少し視点を変えて**「企業向け」**に考えてみるといいでしょう。

これにより、今までの数倍の価格で、商品やサービスを提供することができるようになります。

たとえば、これは私の例ですが、「思わず何度も読みたくなる“お役立ちコラムの書き方”とWebメディア連載の獲得法」について、士業やフリーランス専門職の方、個人事業主の方、物書きになりたい「個人」に向けて教えてきました。

しかし、会社のブログでの発信や運営オウンドメディアの記事執筆、あるいは外部メディアで連載ができるような「発信人材(その道のプロ識者としてのインフルエンサー社員)」を育成したい企業に、同じ内容を提供した結果、価格は5倍になったのです。

あなたのアソビジネスにおいてもこれと同じような現象が起きるのです。

企業の課題に寄り添い、カスタマイズした内容を提案

個人向けの商品やサービスの提供との大きな違いは、「提案の順序」です。

以下のような順番を踏まえておけば、企業にも必ずフィットするはずです。

1．自分の商品・サービスを含めた簡単な紹介（シート必要）。
2．相手の企業が課題点を持っているのかをヒアリング（自分が提供しようとしている商品サービスと関係ありそうな課題を聞く）。
3．口を挟まずにとにかく聞きまくる。全部メモして持って帰る。
4．次回、企業向けにカスタマイズした内容でパワポ提案する。
※「費用対効果」「結果どうなるのか？」「相手のメリット」などを強調する。

ポイント

▶ 企業の中に「大きな効果」が出れば「高い料金をいただく」のは当然。

常識を壊そう

・自分の「商品・サービス」は「個人に安く売るしかない」という思い込みを捨てる。

まとめ

社員を強くする、企業の商品とサービスを良くする、そのためにできることを考える。

ワークアウトしよう

Q：もしも、あなたの商品・サービスを企業に売るとしたらどうなる？

例）B to C：個人向けヨガレッスン（1人2h 2000円/毎回8人×2回=3万2000円×6か月=売上19万2000円）→ B to B :Business Performance向上のための「瞑想&ヨガ」（毎月2回/参加人数40人/1回）出張講師料：8万円×月2回=16万円×6か月契約= 96万円

いかがでしたか？
ほんの少しの工夫でキャッシュフローは大きく変わります。
収益が上がれば、アソビジネスのクオリティが上がり、
達成感もどんどん増幅します。

第8章

さあ、
看板を掲げて
スタートしよう！

ブランド名を決めて アソビジネスを スタート！

さあ、いよいよ世界に１つのアソビジネスのスタートです。この章ではアソビジネスのネーミングを決めたり、概要を文字化したり、Webで発信したり、キックオフイベントをしたり、実際に目に見える形にして多くの人に“お披露目”します。

あなたが大好きで得意な仕事を、世の中の人に認知させ、その“楽しさ”で巻き込んでいくフェーズです。

思う存分、心の底から楽しんでいきましょう。

8-1

今日から世界に1つの「アソビジネス」のオーナー！

アソビジネスが“生きることを楽しむ人生”をくれる

さあ！　これから「会社の仕事」を切り離した「大好きで得意なオリジナルビジネス」を楽しむ日々がやってきます。

アソビジネスが与えてくれる喜びには、以下のようなものがあります。

- **自分でつくり出した商品・サービスをこの世に残す喜び**
- **自分でつくったものにエネルギーを注ぐ喜び**
- **世界に１つのオリジナルの楽しいビジネスをつくり出した喜び**
- **自分にしかできないことをつくり出した喜び**
- **「何をやってる人ですか？」と聞かれたときに、堂々と自信を持ってアピールできる喜び**

この他にも数えきれない喜びと興奮を、アソビジネスはあなたに与えてくれるのです。いつもワクワク、ドキドキ、頭の中にドーパミンを噴出させながら１秒１秒を過ごすことができます。

アソビジネスで株式上場も夢ではない！

アソビジネスは、単なる遊びでは終わりません。プライベートタイムでの遊びや趣味を生かした副業からスタートしたにもかかわらず、株式上場を果たしたり、世界的な有名企業に成長するケースもあります。

ゲーム事業やメタバース事業を行う「Gree」は、もともと趣味から生まれた会社と言われています。Greeもまた、創業者が家でも会社でもない第三の場所、サードプレイスで始めた“大好きで得意”なことへの挑戦だったのです。

かの有名なアップルも、スティーブ・ジョブスとスティーブ・ウォズニアックが、ガレージでコンピュータをつくったことから始まりました。

このように“好き”で“得意なこと”からスタート、企業規模を拡大し、世に名を馳せることだって夢ではないのです。

ポイント

▶ 夢中の没頭が大成功を呼んでくる。

常識を壊そう

・遊ぶように仕事をし、仕事をするように遊んでいい。

まとめ

アソビジネスが「無限大の喜びと成功」を連れてくる。

ワークアウトしよう

Q：上場するとしたらどんなアソビジネスを選ぶ？

ヒント：上場は「事業の再現性・拡大性」がポイントです

8-2

「タイトル、サブタイトル、概要説明」が決まれば発信スタートできる

「上手に伝えて、人の心を動かす」ことが大切

さて、アソビジネスを始めるにおいて、とても重要なポイントがあります。それは、

「人にどう伝えるか？」

ということです。

どんなに会話が上手でも、「タイトル・サブタイトル」がわかりにくければ、たった１人の顧客の心にも刺さりませんし、世の中に浸透もしません。

「上手に伝えて、人の心を動かす」

このことが、とても大切になってくるのです。

ここではアソビジネスのＰＲ・宣伝のために、わかりやすい「タイトル・サブタイトル・概要説明」のつくり方を、しっかりと学んでいただきます。

以下に伝わりやすいアソビジネスのタイトルとサブタイトルの例をご紹介します。

（例１）

【タイトル】移動式 BOOK CAFE&BAR「M-LIBRALY」

【サブタイトル】読む、飲む、つながる、“本好きの集い場”

【概要説明】「美酒」を楽しみながら読書をしたい！　つながり

たい！ イベントをしたい！　そんな方のための移動式 BOOK CAFE&BAR。Twitter で毎日の出店場所の予告を発信します。
（例２）
【タイトル】座禅式婚活イベント「ZEN STYLE」
【サブタイトル】心を鎮め、ありのままの自分で出会う婚活ラウンジ
【概要説明】自分を飾らず、偽らず、ありのままの境地で異性と語らい、自他顕如の心で運命の出会いを掴む会です。３０分の座禅の後、お茶会で心を通わせ合い未来を紡ぎます。

・タイトルについて

1. 一瞬でどんなビジネスなのかがわかる。
2. わからなくても覚えやすい、言いやすい、意味や機能が理解できる。

・サブタイトルについて

「タイトルだけでは伝わりきれなかったアソビジネスの特徴」を解説文として伝えるためのものです。「アソビジネスの意味がしっかりとわかるような説明文になっている」これが重要です。

・概要説明について

200 文字以内で、アソビジネスを詳細に解説します。要点やメリットがはっきりと伝わる内容になっていなければいけません。

ポイント

▶ タイトル、サブタイトル、概要説明をつくるために、１週間以上の時間をかける。

常識を壊そう

・真面目に正しく書きすぎると色気がなくなる。

まとめ

１秒でわかる！　メリットがわかる！　なんか面白そう！を満たした表現にする。

ワークアウトしよう

Q：実際に例文を真似てつくってみよう！

【読者無料特典】

　webmaster@hl-inc.jp（潮凪洋介）宛に、「件名：アソビジネスタイトル添削希望」と記載し、送付いただければ、約３週間以内に無料で添削して返信します。

8-3

「商品、サービスのメリット」を書き出そう

顧客は自分のメリットのために商品やサービスを申し込む

ここでもう一度、顧客視点でのメリットを書き出してみましょう。あえてシンプルに、箇条書きで書き出していきます。

この箇条書きは、そのまま、web サイトやチラシに応用できます。ダラダラ長く書くよりも端的にメリットが伝わるので、申し込み率が上昇します。

社会的意義のために商品を買う人々

昨今、商品やサービスを購入する際に、「そのブランド（商品やサービス）」の「パーパス＝社会的存在意義」を意識する人が増え始めました。

「そのブランドは、何のために存在するのか？」「社会にどんなメッセージを発信しているのか？」という「そのブランドらしさ」を表す「概念」に対する支払いに「満足感」を感じるのです。

たとえば、

- **海のプラスチックゴミをなくす企業です**
- **日本の少子化をストップし、人口増加に寄与するサービスです**
- **世の中から自殺を減らすことを考える企業です**
- **ＬＧＢＴＱの方々が生きやすい世の中をつくるブランドです**
- **大好きで得意なアソビジネスを楽しむ「幸せな人」を増やす学校です**

　このような「あり方」を明確にメッセージングすることにより、「ブランド＝企業（商品・サービス)」への愛着が高まり、応援される企業となるのです。

ポイント

▶思っているだけではダメ！　明確に文字化する。

常識を壊そう

・ブランド＝企業（商品・サービス）は、「社会的意思」が強いほうが繁栄する。

まとめ

「購入メリット」と「解決する社会課題」を明記する。

ワークアウトしよう

Q：①購入メリットは？　②どんな社会問題を解決する？

例）①“やりたいこと”が自然にわかる。②人生に後悔する人を減らす。

8-4

「ターゲット」をもう一度書き出そう

わかっていてもターゲットは“あえて言語化”

アソビジネスのセミナーをしていると、
「ターゲットなんかわかってるよ！」
そんな、顔をする人が多くいます。
でも、そのターゲティングは本当に正しいでしょうか？　そして、正確に言語化されているでしょうか？
ターゲティングを間違ってしまうと、商品やサービスの売れ行きに大きく影響してしまいます。また、実際に文字化することで、ターゲットの息づかいが聞こえてきます。
感情移入もできるので、商品やサービスの開発時や、ＰＲ文言のクオリティが格段にアップします。

ターゲットをざっくりと書き出す

まずは、ターゲットを「ざっくり」とでいいので、書き出してみましょう。以下の文言にかぶせて「ざっくり」と書き出すことで、強みを再び整理できます。

例1）30代で転職に悩む独身男女
例2）40代以上の生活習慣病の男性
例3）50代の役職定年をした男性
例4）30代以上の学歴高めの総合職の独身女性

ターゲットに合わせて「より強調すべき強み」を見つけ、文言やＰＲを強化します。

顧客は実在するのか？

さて、ここで大切なことがあります。それは、
「顧客不在のまま、壮大な計画を立ててしまわない」
ということ。そのためにやることが、

「具体的な誰かを実際に顧客にしてみる」

ということです。ターゲットとなる誰かに無料で提供してもいいし、大幅割引をしてもいいでしょう。これにより、実際にその商品やサービスを活用して幸せになる人がいるかどうかが確認できます。

実際のモニターに活用してもらうことによって、大きなメリットが生まれます。営業やＰＲの際に、たとえば「どんな人がどのように満足感を感じてくれたか」を“具体的に表現”できるからです。さらには、「商品の改善点も知る」ことができます。

ポイント

▶ターゲットを言語化するだけで売れ行きが変わる。

常識を壊そう

・たった１人を思い浮かべると１万人にウケる。

まとめ

たった１人に使ってもらう＝「品質」が生まれ変わる。

ワークアウトしよう

Q：ターゲットはどんな人ですか？／最初に使ってもらう１人は誰ですか？

例）30代独身男女、本当の自分を探し中の人／友人でメーカー勤務のB子さん（30歳）

8−5

「名刺」があれば魂に火がつく！

名刺は、自尊心を上げる大切な看板

さて、アソビジネスを加速する最も効果的な方法があります。それは、

「名刺をつくってしまう」

ということです。

1．家族に配る

2．友人や恋人に配る

3．新しく出会った人に配る

4．アソビジネスに関わる人に配る

この４段階を経るうちに、あなたはもう完全に“アソビジネス”のオーナー社長になりきることができます。

とくに、初対面の人に渡す場合は効果が絶大！　名刺をもらった相手は、あなたを「その道の専門家」として認識します。

名刺に書いてある職業の人という認識をし、それにふさわしいコミュニケーションをしてくるのです。

アソビジネスのオーナーである自覚を得るには、自分が「どう見られ、どう接されるのか？」がとても大事なのです。

会社嫌いな人でも、胸を張って名刺を渡せる

「自分が勤めている会社の名刺を、プライベートで渡したくない」と言う人がいます。所属する会社のことを「ダサい」「恥ず

かしい」と思っている方です。

じつは、私も会社員時代はその一人でした。会社の名刺は、プライベートでは、誰にも渡したことがありません。

でも、イベントを開催するアソビジネスの名刺は、胸を張って渡しました。3000人くらいには配ったと思います。

このように誇れる会社に勤めていない人でも、自作の名刺1つで「社会的プライド」を得ることができるのです。

ポイント

▶ 名刺が「アソビジネスのプライド」を高めてくれる。

常識を壊そう

・準備段階だからこそ「名刺をつくる」。

まとめ

名刺があなたを“アソビジネスのオーナー”に変える。

ワークアウトしよう

Q：どんなデザインの名刺にする？

例）縦型、青ベースで、文字フォントはメイリオ、ロゴを左上に置き、裏には事業内容を書く。

8－6

「ブログ」を立ち上げ、活動を発信！

ブログ更新で「集客」と「信用」のいいとこどり!

「ブログを更新することに意味あるの？」

ときどき、そのような質問を受けることがあります。これについてお答えします。

ズバリ！　答えは、「アソビジネスにおいて、ブログ更新はとても有効」です。その理由は以下のとおりです。

- **ビジネスがしっかり運営されているのかどうかを確認できる。**
- **どのような思いで運営されているのか確認できる。**
- **人となりを確認できる。**
- **検索な顧客が辿り着くことができる（集客）。**

私の知人で、10 年間毎日ブログを更新し、女性のためのスモール起業のノウハウを伝えている女性がいますが、ブログによる集客効果は絶大です。年収は 2000 万を超え、一家の大黒柱となっています。

ブログ更新は継続的な努力により大きな成果を得ることができるのです。

ブログ執筆、3つの「神ネタ」

ブログの執筆ネタは以下のとおりです。

1）読者のための「お役立ちコラム」

アソビジネスの専門分野において、読者の役に立つ「ノウハウ」をブログで 800 文字以内で書きます。

例）
・はじめてのBBQのコツ（バーベキューイベント主催）
・180日で電撃結婚する方法（婚活支援）

2）今日の思い・行動

「どのような思いでアソビジネスに向き合っているか」を書きます。社会課題の解決への思いから、目の前の小さな作業に込める気持ちなど、行動の報告と思いを書きます。

3）商品やサービスの紹介

アソビジネス（商品・サービス）についての紹介をします。これにより顧客からの申し込みを獲得します。

ブログを見たけれども更新が1年前だということに気づき、顧客が一気に気持ちを冷ましてしまう。そんなことがないように、しっかり更新をしましょう。

検索キーワードを意識しながら更新することで、デジタルマーケティング効果も期待できます。最終的にはwebサイトを持つことが理想ですが、まずはブログだけでも立ち上げて、早期のスタートを切るのがいいでしょう。

ポイント

▶ブログ更新習慣がアソビジネスと社会をつなぐ。

常識を壊そう

・「ブログから顧客は来ない」は思い込み。

まとめ

ブログは最強の集客装置である。

ワークアウトしよう

Q：ブログに何を書く？

例）便利グッズ発想のコツを書く（オリジナル便利グッツ製造販売コンサル）

8-7

SNSとYouTubeで集客に成功するコツ

SNSとYouTubeで集客しよう

最新の集客ツールであるInstagram、TikTok、X（Twitter）等のSNSとYouTubeの活用法について学びましょう。

ここでは基本知識は割愛して、プロが留意する“技ありテクニック”について紹介します。

Instagramの活用は「トップ画像・投稿数・統一感」の“3T”が命

Instagramの投稿から興味を持ってもらうためには、「トップ画像」に工夫をすることが重要です。１枚目の画像だけで投稿主のセンスが１秒でわかってしまうので、しっかりとこだわる必要があります。

・画質が悪い
・構図がヘタ
・無駄な影が入ってる
・存在感がない

このようなトップ画像の場合、読まれない、フォローされないの「二重苦」の状態になってしまいます。

1．自分よりもセンスがある
2．有益な情報を発信する

Instagram ユーザーは、この２つを満たすアカウントをフォローする習慣があるからです。

次に「投稿数」も重要です。１回の投稿でどんなに有益な情報を発信しても、アカウントのホーム画面に飛んだときに投稿数が少ないと、フォローして情報発信を待つ意欲がなくなってしまいます。ですから、なるべく多くの投稿をすることが大事です。

続いての重要ポイントは「統一感」です。アカウントが持つ「雰囲気」に統一感を持って発信することが大切です。

ホーム画面に並ぶ「トップ画像」の雰囲気とフォントは最低限揃える必要があります。

前に述べたように、アカウントのホーム画面を開いたときの最初の印象で、投稿に興味を持ってもらえるかが決まるからです。

TikTokは「短い・速い・ツッコミどころアリ」の動画がバズる

TikTok には、次々とお勧め動画が表示されます。そのためユーザーは、１つの動画の視聴に、あまり多くの時間を割きません。ですから、

１．大切なところだけ抜き取り、シンプルな動画にする
２．動画のスピード感を意識する

この２つが重要です。

そしてもう１つ、

１つの動画に対して、必ず１つ「突っ込みどころ」を用意する。

ということです。

視聴者のなかで、疑問が膨らみ、「我慢できなくなった瞬間」にコメントがつきます。すると、皆がその“突っ込みコメント”を見て、動画を何度も再生し、その真偽を確かめようとします。

「わざと突っ込ませているのか？　それとも天然なのか？」

このように視聴者の中で考えさせるのがポイント。「TikTok は突っ込ませたもの勝ち」という定石があるほどです。

X（Twitter）はオチをキレキレにすると“140字全体”にキレが生まれる

X（Twitter）は他メディアと違い、文字に重きが置かれます。画像の内容そのものが面白くてバズることもありますが、それはレアケースです。

そして、1ツイート 140 字という文字制限の中でバズるには、起承転結をつくることが重要。とくに“結”のオチ部分がキレキレだと、ツイート全体がキレキレに見えるのが特徴です。

ここで言う“キレのあるツイート”とは、

- **辛辣だけど面白い**
- **真意を突きすぎている**
- **笑わせられた**
- **有益だと思わされた**

などの“辛辣なバズりツイート”です。毎日タイムラインに流れてくる“キレのあるツイート”を参考に、キレッキレの“顧客のためのお役立ちツイート”を目指していきたいところです。

YouTubeは縦型60秒動画
“YouTube short”がお勧め

今からYouTubeを始めるなら、メインの横型動画より、縦型60秒のYouTube shortsがお勧めです。shortsの方が、様々なユーザーのオススメに出る確率が高いと言われているのがその理由です。

TikTokの動画をshortsにアップする人も多いようです。つくり方は、まるまるTikTokを参考にして大丈夫です。（2023年現在）

8-8

「キックオフイベント」をやってみる

キックオフイベントで、アソビジネスを宣言しよう!

アソビジネスをスタートするときに、お勧めしているのが、「キックオフイベントの開催」です。イベントといっても、無理に大人数を集める必要はありません。30人、50人、100人と集められなくても、5～10人でもかまわないのです。

大事なのは、そこで皆の前で「○○というアソビジネスを始めます」を宣言するということ。宣言することで“勢い”がつくのです。また、協力者が現れたり、自分では思いつかないアイデアが生まれたりもします。

会合は、飲食店を借りてリアルな会を催してもいいし、オンラインだけの会合でもかまいません。キックオフ会の集合写真をヴィジュアル的シンボルにして、関係者に共有しましょう。

キックオフ後は「異色コラボイベント」で話題づくり

ビジネスにおいては「異色の組み合わせ」ほど、周囲にインパクトを与えたり、口コミやメディア取材を得るきっかけにもなります。

キックオフイベント後については、単独イベントだけでなく、「異色コラボイベント」を心がけることをお勧めします。たとえば、以下は過去にうまくいったコラボイベントの一例です。

- **ヨガ会と座禅会のコラボ**
- **ダイエットと薬膳料理のコラボ**
- **ファッションイベントと出会いイベントのコラボ**

互いのアソビジネスシストが組むことで、コンテンツの満足度が上がり、集客も増え、顧客獲得の機会創出が増え、さらには話題性もありと、いいことづくめです。

ただし、これを実現するためには、普段からアソビジネス仲間のネットワークをつくっておく必要があります。

共感し合えるアソビジネス仲間と描く未来は格別です。自分以外のアソビジネスを楽しむ人と共感、応援し合うことでフルネス度は倍増します。

※右は誰でも入れる「アソビジネス仲間づくりの FB 無料コミュニティ」の QR コードです。アソビジネス仲間をつくりたい方は、お気軽に加入申請をいただければと思います。
https://www.facebook.com/groups/656904304336377

ポイント

▶ キックオフイベントで本気に火をつける。

常識を壊そう

・1人が気楽＝先細りの原因となる。

まとめ

キックオフイベントで協力者も顧客も夢もゲット！

ワークアウトしよう

Q：キックオフイベントはどこで、何人くらいでやる？

例）カラオケボックスの大部屋で、20人くらいで乾杯。主旨説明した後は、交流会。最後に集合写真を撮影

　さあ、いかがでしたか？

　看板を掲げてキックオフイベントをすることで「アソビジネス」を旗揚げした「実感」と「自覚」が芽生えます。応援者も増え、新しい景色が一気に広がりはじめます。

　大好きで得意なことを大好き仲間と「社会で表現」する――アソビジネスライフの幕が開く瞬間を胸に刻みましょう。

　次章では「セルフブランディング」の方法についてお届けいたします。

第9章

アソビジネス
起業家のための
セルフブランディング

人生は書くだけで動き出す！

この章では「アソビジネス」がさらに楽しくなる「セルフブランディング術」を紹介します。

書いて発信する。専門家としての立ち位置をつくる。メディアにリリースを送付してみる。コミュニティをつくる。などなど、「自分自身の価値やイメージ」を高めるアクションを楽しみましょう。

あなたが創った「世界に１つのアソビジネス」の「第一人者」として、確固たるポジションを確立しましょう。

「お役立ちコラム」を書けば、お客がどんどんやってくる!

「書くだけ」でファンが増える!

「書くだけ」でファンが増える。そんなことを言うと「作家じゃあるまいし、書いただけでファンは増えないよ」と、思うかもしれません。

でも、そんなことはありません。誰でも「書くだけでファンを掴むことができる」のです。これには次のような理由があります。

「誰でも毎日、解決したい課題がある」

「興味を持って調べたいことがある」

そう、つまり、

「人は1日に何度も検索する」

ということです。事実、ネット上では、次のような現象が無数に起きているのです。

1. **「検索でヒットした記事を見て役に立ったと感じる」→「その筆者に好感を持つ」**
2. **「課題を解決できる」→「筆者のファンになる」**
3. **「筆者のコミュニティ、メルマガ、LINE@に登録したり、フォロワーになる」**
4. **最終的に「筆者のサービス・商品を買ってみようと思う」**

こうした結果を出すためにこそ

・ブログ発信して検索でヒットさせる

・ブログ記事を自分のＳＮＳでＰＲする

の2つが大切なのです。

読者が読みたくなる「タイトル」を考える

さて、どうすれば「読者が読みたくなるブログ」を書けるのでしょう？

その答えは、毎回執筆するコラムのタイトルにおいて、

「読者の悩みを解決するノウハウを匂わせる」

ということです。

以下の公式にあてはめて実際につくってみましょう。

例１）失恋の痛みを３日で癒す７つの方法

公式に分解するとこうなります。

「何がどうなる（ご利益）」＋「数」＋「方法」

例２）１日５分で痩せられる魔法の「スクワットダイエット」

これも公式に分解すると以下のとおりになります

「〜するだけで（限定）」＋「どうなる」＋「強調語」＋「オリジナル名称」

このようにタイトルを表示するだけで、ブログはグン！と魅力的になり、読者数が格段に増えるのです。ぜひ今日から挑戦してみましょう。

ポイント

▶メリットが伝わるタイトルをつくる。

常識を壊そう

・商品やサービス説明ばかり書いてもファンは増えない。

まとめ

読者に「悩み解決の方法」を伝える。

ワークアウトしよう

Q：連載のメインタイトルは？

例）１か月で３キロ痩せる「カラオケダイエット法」

9-2

あなたは何の専門家？今日からあなたもその道の先生

誰もが専門家を探している

　さて、ここで大切なことがあります。
　「アソビジネス起業家」として「セルフブランディング」するためには、

「何の専門家であるか？を明確にする」

　ということが大事です。

　なぜそんなことが言えるのでしょうか？
　その答えは以下にあります。

　　なんでもできます　×　→**信頼感がない**

　　□□の専門家です　○　→**信頼感がある**

　そうです。**人は専門家の意見しか信じない**のです。

　ここで、総合情報サイト「All About」のカテゴリをご覧ください。

【住宅　マネー　健康　ビューティ　デジタル　暮らし　恋愛・結婚　ビジネス・学習　メンズスタイル　旅行　趣味　ファッション　グルメ　車・バイク】

このジャンルがさらに細分化され、その１つ１つに「その道のプロ（専門家）」いて、ノウハウ記事を発信しています。このように専門家を名乗る勇気を持つことが大切なのです。

専門家を名乗るのが怖い

さて「専門家」として名乗るには、少しだけ勇気が必要です。
「この道で大したキャリアがないのに大丈夫かな？」
そんなふうに不安になるものです。でも安心してください。

・毎日、その分野のことを研究する
・わからないことは調べる・取材する
・もっと詳しい人に聞く
・自分も日々実践する
・自己流のメソッドを開発する

このように、“日々情熱を持ち、広い視野と、深い研究を行う覚悟”を持つことで、１年後には、あなたもその道の専門家になれます。

ポイント

▶ 余計なものを削り“一点突破”の専門家になる。

常識を壊そう

・国家資格だけが専門家の称号ではない！

まとめ

専門家を名乗った瞬間に信用される。

ワークアウトしよう

Q：あなたは何の専門家？

例）「バツイチ恋愛結婚」の専門家、「ビジネスに効く座禅」の専門家、「薬草料理の専門家」

※肩書は、自分で勝手につくっていい！

9-3

読者がファンになる「お役立ちコラム」の書き方

この2つの型で書けば、必ずファンがつく

さて、ここでは文章発信の初心者でも、読者の心を必ずつかめる「文章の型」について解説します。

このとおりに、マニュアルにかぶせて再現するだけでファンが付きます。毎月、3～5本、ブログの記事を更新したり、あるいはWebメディアでの連載を行えば、必ずファンが増えていきます。さあ、それではさっそくやってみましょう。

ブロック法

まず初めに「ブロック法」を紹介します。ブロックに分かれており、それぞれに当てはめて書くのでブロック法と呼んでいます。以下の例では「ダイエットに成功する方法」というコラムを書く場合の型を紹介します。

【ダイエットに成功する方法】

⑴ ○○な時がありますね……シチュエーション設定

例文）ダイエットがなかなかうまくいかない時がありますよね。

⑵ そんな時は●●しましょう……問題解決アドバイス

例文）そんな時はまず、食事の量を少しだけ減らして、逆に3食きっちり食べることから始めてみましょう。

⑶ そうすると□□になることができます……結果の説明

例文）これにより、あなたは少しずつ無理なくやせることができます。

⑷ それは■■だからです……結果が得られる理由の説明

例文）その理由は、空腹をあまり感じることなく、1日のカロリー摂取量を減らすことができるからです。

⑸ でも、××すると▼▼になってしまいます……禁止事項の説明

例文）でも、食事をまるまる抜いてしまうと、体が飢餓状態に陥り、カロリーの吸収率が高くなって、逆に太ってしまうのです。

⑹ A社で働くBさんは、●●をして□□になることができました……事例

例文）私はこのやり方で、さほど頻繁に運動をせずとも1か月で2キロやせることができました。

⑺ ○○な時は●●しましょう。□□になることができますよ……（1）～（3）のことを再度「結論」として“短く”言う。

例文）なかなかダイエットが成功しない——そんな時は、まずは食事の量を少しだけ減らして、逆に3食きっちり食べることです。それによりスムーズにやせることができるのです。

サンドイッチ法

　次に「サンドイッチ法」を紹介します。この手法はWebメディア連載に有効な執筆の型です。

　「イントロ」が上のパン。「まとめ」が下の“パン”にたとえられます。上下のパンの間に「3つの秘訣」という“具”を挟みます。このことから、私の運営する著者養成学校WRITAS！〜潮凪道場〜では「サンドイッチ法」と呼んでいます。

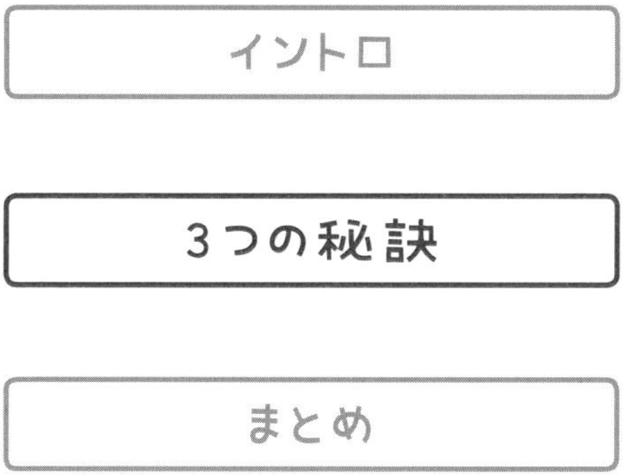

　これを実際の文章にすると以下のとおりになります。

【タイトル】
失敗ばかりのダイエットが、誰でも
うまくいくようになる3つの秘訣

　ダイエットを頑張っているのに体重がなかなか減らない。挫折ばかりでなかなか続けられない。

　このような「ダイエットに失敗ばかりする」と悩む時がありますよね。そこで「誰でもダイエットがうまくいくようになる」と

っておきの秘訣を３つご紹介します。**（上のパン＝イントロ）**

秘訣１：１食を少な目に３食きっちり食べる

秘訣の１つ目、ダイエットが失敗続きの人は、まず食事の量を少しだけ減らして３食きっちり食べることから始めましょう。

すると、少しずつ無理なくやせることができます。空腹をあまり感じることなく、１日のカロリー摂取量を減らすことができるからです。

でも、食事をまるまる抜いてしまうと、体が飢餓状態に陥りカロリーの吸収率が高くなって、逆に太ってしまうのです。**（具１＝秘訣１）**

秘訣２：「制限」を「許す」に変える

秘訣の２つ目は「『制限』を『許す』に変えていく」方法です。たとえば「１日2000kcal」と制限するのではなく、「１日2000kcalまでＯＫ」と食べることを許します。

すると、とたんにダイエットを継続できるようになります。我慢がつきものの「制限」と違って気が楽になります。ぜひあなたも「行動を許す」方向に言葉を変えていきましょう。**（具２＝秘訣２）**

秘訣３：体重測定は１日以上空けた同じ時間にする

秘訣の最後は、体重測定についてです。毎日ではなく、２日に１回、３日に１回など「１日以上空けて同じ時間」に測りましょう。

すると、ダイエットが継続できて結果を得やすくなります。１

日以上空けることで、結果を出すまでに猶予があり、心にも余裕がある状態で１日を過ごせるからです。**（具３＝秘訣３）**

今回はダイエットに失敗しやすい人でもうまくいく秘訣を３つお伝えしました。

これでもう「またダイエットに失敗したよー」と悩まなくなります。ぜひご参考にしてみてください。**（下のパン）**

さあ、いかがでしたか？

この「ブロック法」と「サンドイッチ法」のいずれかの方法で書いて発信することで“アソビジネス”のオーナー代表として、またその道のプロとしてのセルフブランディングがうまくいくのです。

9-4

メルマガ、LINE@に読者登録を促す理由

記事に興味を持った人とガッチリつながる

さて、ブログやWebメディア連載による情報発信をすると同時に重要なことがあります。それは、

「メルマガやLINE@に読者登録を促す」

ということです。ブログやWebメディア連載の下部に「メルマガ登録」や「LINE@」のＱＲコードやＵＲＬなどを貼っておき、読者にメルアドを登録してもらいます。

そして、そのリストに定期的に情報を発信するのです。これをすることで、アソビジネスに関わる商品やサービスが“売れる状態”がつくれます。

メルマガやLINE@を介して、読者にプッシュ型で情報や商品・サービス案内を送信するのです。

読者は毎回、ブログや連載中のWebメディアを見に来てくれるとは限りません。だからこそ、メルマガやLINE@に登録してもらい“プッシュ型”で、コラムの更新URLや商品サービス情報を届けるのです。

更新情報を届け、商品情報も届ける

さて、LINE@やメルマガの登録者に、どんな情報を送ればいいのでしょうか？　答えは以下のとおりです。

- **近況報告**
- **ブログやWeb連載の更新ＵＲＬ**

・商品やサービスの情報

・イベント情報

この情報を１セットとして月に１～３回、定期的に送ります。これにより、アソビジネスの収益がどんどん上がっていくのです。

LINE@ やメルマガの実施方法はネットで検索し、ツールに有料で申し込み、立ち上げることが必要です。一度設定すれば、ずっと活用できるので、やらない手はないと思います。

ポイント

▶ メルマガ配信スタンド、LINE@ を活用する。

常識を壊そう

・誰が読むんだ？の思い込みを捨てる！　ファンは確実に読んでいます！

まとめ

商品、サービスの販売は、LINE@ とメルマガが９割。

ワークアウトしよう

Q：どのメルマガ配信スタンドを使う？　例）アスメル、LINE@、コンビーズメール etc.

9-5

メジャーWebメディア連載で、ファンが1万倍になる！

毎月100人だった読者が10万人に増えた！

　ここでお話しすることは、知名度を一気に上げる“最強テクニック”です。

　その道の専門家として、一気に名前を轟かせましょう。

メジャーWebメディアで記事を書く

　私自身、無名の会社員時代に、総合情報サイトAllAboutで連載をしたことで、読者数が30万人になり、講演、書籍の執筆依頼、関連ビジネスの依頼が急増し独立した経緯があります。

　世の中にはビジネス、生活、健康ジャンルなど多岐にわたる「Webメディア」があります。検索すると一覧が出てくるので、一番自分に合ったメディアに「書き手」として応募をしてみてください。

Webメディアでは“書き手”を探している

　各種Webメディアでは、随時書き手を募集しています。私が運営する 著者養成スクールＷＲＩＴＡＳ！～潮凪道場～からも、毎年多くの受講生が応募、連載デビューし、セルフブランディングに成功しています。

　民放のゴールデンタイムの番組出演をしたり、書籍出版デビューした人も大勢います。

　さあ、あなたも各種Webメディアの「ライター募集」のコーナーから、ぜひ連載希望の応募を実施してみましょう！

ポイント

▶ 自分のアソビジネスのジャンルに合った「お役立ちコラム企画」を考える。

常識を壊そう

・連載が決まってから、少しずつ文章力を鍛えればいい。

まとめ

何の専門コラムを書くかを定めて応募する。

ワークアウトしよう

Q：どのサイトに何の専門家として連載応募する？

例）アウトドアのWebメディアに「サバイバルキャンプの専門家」として応募する

※まずは「Webメディア一覧」で検索してみて！

9-6

「ニュースリリース」を送って、マスコミに取材してもらう

メディアに無料で紹介してもらう方法

さて、メディアでアソビジネスを宣伝する方法に、以下の２つの方法があります。

１．広告：お金を払って枠を買って、商品やサービスを宣伝してもらう方法。
２．ＰＲ・広報：テレビ、新聞、雑誌、ネットメディア、ラジオに取材してもらい「無料」で紹介してもらう方法。

ここでお勧めしたいのが、２の「ＰＲ・広報」です。

メディアへのネットワークや企画力がない場合は、ＰＲ会社に依頼して、取材獲得を実現してもらうケースもあります。

しかしこれは、潤沢な予算がある企業に限ります。個人の場合は、できるだけ、自分でニュースリリースを書いて、各種メディアに送付し、取材を獲得することをお勧めします。

メディアへのラブレター「ニュースリリース」

何事も体験が重要です。そこで「ニュースリリース配信代行会社」を活用して配信してみましょう。数千人のメディア関係者にリリースが配信され、興味を持ってもらえれば取材が発生します。

主なニュースリリース配信代行会社は以下のとおりです。以下のサイト内に、ニュースリリースの書き方なども紹介されていて、とても便利です。

- Value Press
- PR TIMES
- @ Press
- DreamNews

知人にメディア関係者がいる場合は、ニュースリリースを自分で書き、直接メールするのも効果的です。やはり、直接の知り合いのほうが取り上げてくれる確率は格段に上がります。

ポイント

▶ ニューリリースの「ひな型」にならってリリースをつくり、リリース配信会社に依頼する。

常識を壊そう

・「取材されるわけない」の思い込みを捨てる。

まとめ

社会課題を意識したリリースタイトルを考える。

ワークアウトしよう

Q：リリースのタイトル／サブタイトルを書いてみよう！

例）寺院で座禅婚活を開催／内面を整えて出会う機会を提供

9-7

誰でも「講座」は販売できる！

「初心者向け講座」に挑戦しよう

アソビジネスで「講座をやってください！」と言うと、「え？自分なんかまだまだ無理！」と思ってしまう方が多いようです。

しかし、ここでは受講対象を「まったくの初心者」にします。あなた自身が「最近まで素人」だったからこその強みがあります。

それは**「初心者の気持ちがわかる」**ということです。

かつて知りたかった内容を書き出し、解決するための講座を行えばいいのです。

・タイムテーブルをつくる
・レジュメをつくる
・台本に則って話す

やることはこれだけ！

ここでもう１つ大切なことがあります。それは、

「一方的に話さずに、受講者にワークをしてもらう」

ということ。受講者が、自分ごとで考えたり、手を動かしたり、発言する機会をつくるのです。参加者の満足度は、自身が頭に汗をかいたり、作業すればするほど上がるのです。

「集客・集金」をしてくれるプラットフォーム

さて、ここでお勧めなのが、「ストリートアカデミー（https://www.street-academy.com/）」です。このプラットフォームは、

・誰でも講座がつくれる
・集客してくれる（集客数に合わせた手数料発生）
・集金もしてくれる

といった特徴があります。このサイト内に、ぜひあなたのアソビジネスに関係する「講座」を設置してみてください。講座は複数設置が可能です。

受講希望者や興味を持ったユーザーからの反応がわかるので、トライアンドエラーしながら、あなたにとって「最強の講座」をつくり上げてみてください。

ポイント

▶受講生募集サイトを活用し集客する。

常識を壊そう

・「初心者」として「入門者」に教えればいい。

まとめ

あなたの「体験・知識・失敗」は全部売り物になる。

ワークアウトしよう

Q：何の講座をする？

例）「外国人との飲み会」で使える“英会話”講座

9-8

自分プロデュースの「コミュニティ」をつくろう！

コミュニティづくりで人生が何倍も楽しくなる

自分プロデュースのコミュニティをつくる。これにはとても大きなメリットが隠されています。

- 一番自分が魅力的な状態で、異性と出会える
- 参加者からアイデアや気づきを貰える
- 感動を共有し合える
- 孤独感が消える
- 収益が出る
- 絆が深まり、応援者が増える
- 高い幸福感が得られる
- 写真を見返すことで、未来への希望がみなぎる
- 好きなことでつながった仲間ができる

どれも、ゾクゾクくるメリットばかりです。**この興奮を味わえることこそが“アソビジネス”の醍醐味なのです**。

さて、コミュニティは、おおまかに以下のいずれかにカテゴライズされます。

1. スポーツコミュニティ：スポーツ観戦や競技を楽しむ会
2. 勉強講座系コミュニティ：学びをテーマにした会
3. ビジネスコミュニティ：取引、商談を生む会
4. 趣味系コミュニティ：同じ趣味を楽しむ会

5．イベント・交流会系コミュニティ：テーマを設けたイベントに集い、交流をする会

6．ボランティア系コミュニティ：社会課題に対しボランティアで貢献する会

どんなコミュニティをつくるか迷ったら、上記のどれかのコミュニティをつくり、オンライン、リアルのハイブリット型で開催、運営をしてみましょう。

ポイント

▶まずは自分が一番楽しむことを優先する。

常識を壊そう

・誰彼誘わない！　来てほしい人だけを選ぶ。

まとめ

コミュニティが最高の自己肯定感をくれる。

ワークアウトしよう

Q：どんなコミュニティをつくる？

例）ジョギング好きな人を選抜して集め、ジョギング後に“よりよく走る”ための勉強会を開き、その後飲み会をするさあ、いかがでしたか？　自分自身をブランディングするのはとても楽しい作業です。心躍る瞬間とともに、あなたのブランド価値がどんどん磨かれていきます。

ぜひ楽しみながら継続しましょう。続いては、いよいよ最終章です。アソビジネスで「もっと幸せなになる」ための、大切なことが書かれています。それではさっそくいってみましょう。

※湧き上がる思いやアイデアを自由に書きまくろう！

第10章

本当の
心の自由が
得られる生き方

「好きで得意なこと」に「大好きな仲間」と没頭しよう

さあ、いよいよ最終章です！　本章を読むことで「本当に好きで得意なことをする人生」の素晴らしさを、あらためて心に刻むことができます。サードプレイスの「アソビジネス」でもっともっと「生きること」を楽しみましょう！　悔いなき人生を歩きましょう！

この章は、本著の“仕上げ”です。じっくりと“心の眼”でお読みください。

もう「いい人」になるのはやめよう！

人生一度！　バカになって挑戦を楽しもう

今まで、気弱でお人好しで、自信が持てなかった……。

そのような人こそ“ただのいい人”を脱ぎ捨て、自分らしい人生に漕ぎ出してみてほしいのです。

いい人をやめるといっても、“悪い人”になるという意味ではありません。

人に迷惑をかけない範囲で、

「自分らしく生き、人生に悔いを残さない！」

という意味です。少しバカになって、心の壁を壊し、「好きで得意なアソビジネスを楽しむ」。この挑戦が人生の景色を変えていきます。

カブいた数だけ、腹の底からの笑いがこみ上げる！

奇抜な身なりをすることを、戦国時代では「かぶく」と言い、安土桃山時代ではそれが「流行語」になり、歌舞伎は、これが語源だとも言われています。

多くの革新的な文化やビジネス、遊びは、すべてこの“カブくこと”から生まれています。人と同じことを、人と同じようにこなし、正しく生きることばかりを考えていては、これは叶いません。

思い切って、

・不得意なことを捨て置き
・得意で好きなことに没頭する

そして“思い切りカブく”こと。

さらに、

・自分の世界観への共感者を増やす

このことを楽しみます。
これこそが、「ただのいい人」をやめ、腹の底から笑える人生を歩む切り札なのです。

今こそ、“本当に自分らしい人生”に一歩を踏み出してほしいのです。

まとめ

「自分らしさ」に遠慮しない人＝自分も他人も幸せにできる人。

10-2

できない理由を考える人、うまくいく方法を考える人

耳と耳の間で起こる「小さな癖」で人生は決まる

高層ビルに音速旅客機にロケット、常時接続のデジタルネットワーク――じつは、これらのすべては“不気味な蛋白質と脂質の塊”から生まれています。その正体は、人間の「耳と耳の間にある“脳”」です。

この脳をいかにあやつるか？　それだけで、私たちの人生はいかようにでも豊かになります。

世の中には「成功者」と「浮かばれない努力をする人」がいますが、この差は「耳と耳の間の“蛋白質と脂質の塊”に生じる“小さな癖”の差で生まれます。

そこには、どんな違いがあるのか？

「できる方法を考え続ける癖があるかどうか」

この癖があるかないか？　それにかかっています。

楽しい夢に一時的にワクワクしても「それは難しい」「リスクがある」「前例がない」と、思考をストップしてしまう「癖」の持主か？　それとも「できる理由」を探し、「実現する方法を考え続ける癖」の持ち主か？　違いはこの癖の違いでしかありません。

“非常識な解決法”だけが、人生を面白くする！

非常識とも言える発想や、普通の人が思い付きもしない方法

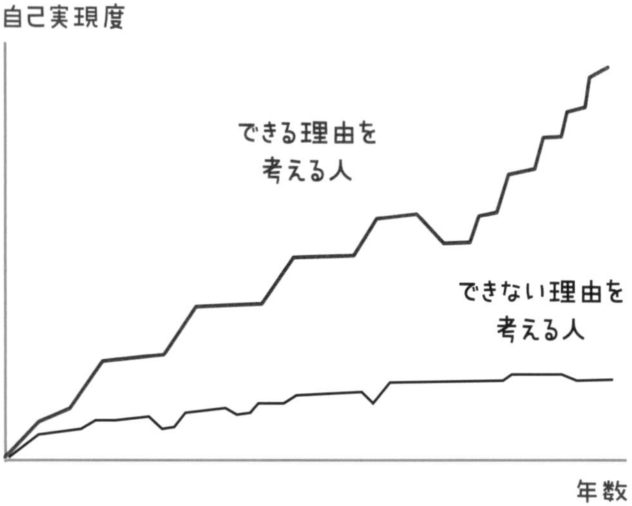

において「実現方法」を見出す人だけが、世の中を大きく変えていく――これは歴史上の暗黙の了解です。

残りの人々は「非常識な人」に乗っかり、あるいは追随して応援する人たちです。

「世の中を楽しくするのは、非常識なソリューション思考を持つ人だけ」

これが結論です。

ここで一番楽しいのは誰だと思いますか？

答えは「非常識な思考をする本人」です。

脳内ドーパミンが噴き出し、面白がって生きているうちに、たくさんの仲間や共感者が集まってきます。かつて揚げ足取りをした人たちの記憶などはもうありません。

傍観者になるか。主人公になるか。

１年後、２年後、３年後、あなたがどんな“楽しいアソビジネス”で人生を謳歌し、楽しい仲間に囲まれているか？　それは「できる理由と、できる方法」を考え続ける癖を身に着けるかどうかにかかっています。

あなたの人生は、この「思考の癖」を脳に定着させられるかどうか次第なのです。

大丈夫！　あなたならきっとできる！

私はそう信じています。

まとめ

できる方法を考え続けた人と、できない理由を並べた人では、５年後、人生に大きな差が出る。

10-3

好きな仕事をワクワク続けると、運命の出会いが！

婚活しなくても運命の恋がやってくる!

「サードプレイスのアソビジネスが運命の恋を運んでくる！」

そんなことを言うと、多くの人が首をかしげます。

しかし、これは正真正銘の事実です。

もしも、今日から“アソビジネス”に没頭し、共感し合える人々との出会いを広げ続けたらば、運命の恋は必ず向こうからやってきます。これは、強く断言したいと思います。

その理由は以下で解説しましょう。

- **好きで得意なことに没頭すると、表情も物腰もイキイキして魅力的なオーラが出る**
- **感覚、感性が一致する男女との出会いが増え、出会った人と数倍速で“打ち解ける”ことができる**
- **話題にも困らず異性と自然に会話が弾む**
- **応援し合える人間関係が築けるので、交際・結婚しても互いが互いの応援者になる**

つまりは、

「一番魅力的な自分のまま＋アソビジネスで共感し合える異性と数多く出会い＋会話は常に弾む＋ワクワクマインドで向き合い＋応援し合える関係が築ける」

ということです。

私の周囲でもサードプレイス・アソビジネスを通じて、交際相

**アソビジネスが
ない人**

つまらなさそう
会社と家の往復
自分の世界なし
人と出会っても
上すべり
応援し合う人が
いない
人間へのあきらめ感
出会いの減少

↓

現状と変わらず

**アソビジネスが
ある人**

イキイキ
躍動的
魅力的世界観
共感し合いながら
の出会い
夢の相互応援
人間への期待感
出会いの増加

↓

運命の恋

手が見つかったり、電撃結婚したカップルが続出しています。独身の方は、アソビジネスで「一番魅力的な自分」を運命の人に届けてほしいと思います。

アソビジネスで少子化は止められる!

アソビジネスは、少子化を止めるきっかけになる！
これも、強く断言したい考え方の１つです。

「本当に自分らしい生き方をする同士が引き合う」

ここにその秘密があります。

これはすなわち「互いの未来も認め合える」ということを意味します。

まず「結婚によってやりたいことがやれなくなる」というリスクがなくなるので、結婚のハードルが下がります。

また、アソビジネスは少なからず収入になります。互いに力を合わせ、努力を楽しむ日々となるはずです。

一生、自分たちらしく夢を応援し合い生きられることは、次世代のおおいなるお手本にもなります。夢を追い、叶え続け、自分らしく生きる背中を、子どもたちに“当たり前のように”見せられるからです。

アソビジネスを行う同士の結婚はじつに相性が良く、このようなカップルが続出することで「少子化は確実に止められる」と考えるのです。

まとめ

好きで得意なことをしながら、世界観が合う異性と出会う＝運命の恋をＧＥＴしよう！

10－4

「ライフワークツリー」で100歳までの人生が見えてくる

人生は単線ではなく2本線！

人生のキャリアを考えるときに、旧来は「単線」で考えられていました。つまり、会社の仕事が60歳まで続き、それを過ぎたら改めて“そこから仕事を探す”というものです。

しかし、アソビジネスの世界では違います。会社に就職した瞬間から“好きで得意なアソビジネス”探しが始まり、その線がもう一本常に「ライスワーク（生活するためのお金を稼ぐ仕事）」の他に走るのです。

次ページの2つの「ライフワークツリー」を比較して、どちらが“幸せな人生”を“悔いなく送れる”かは一目瞭然です。

サードプレイスでの「大好きで得意なアソビジネス」が必要ない人もいる？

世の中には「サードプレイス・アソビジネス」を、わざわざつくらなくてもいい人もいます。

それは、

A：会社の仕事が大好きで得意で、魅力的な人間関係に恵まれているという人

B：自営業で大好きで得意な仕事を実現していて、魅力的な人に囲まれて過ごしている人

2つのライフワークツリー

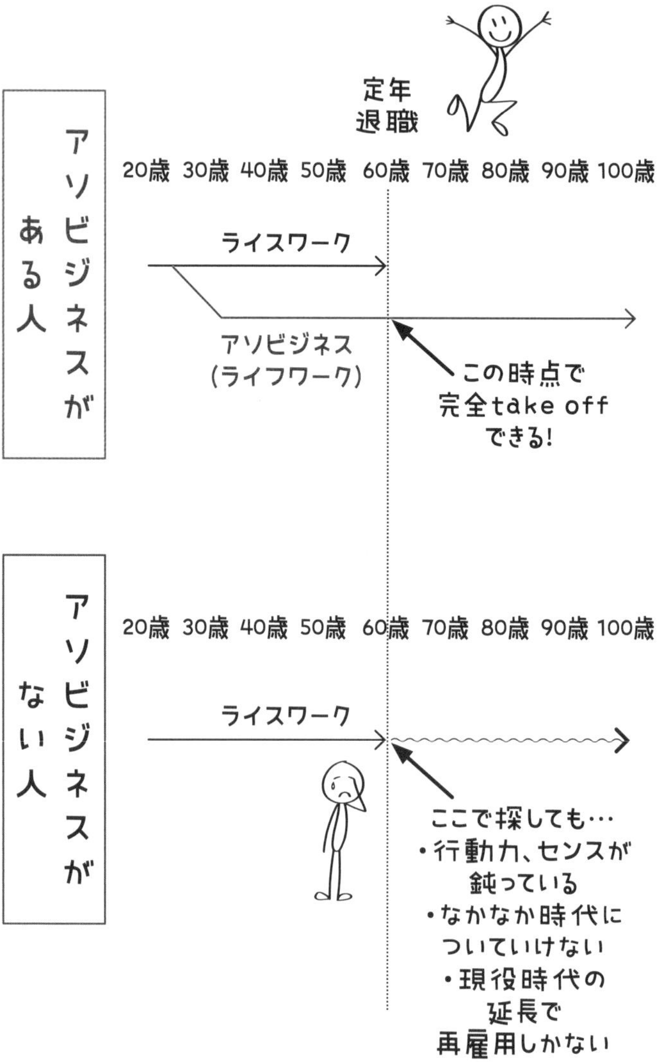

この2種類です。

実際に私の場合も「アソビジネス」を会社員時代に行い、その後独立。いつしかそれが本業になり、毎日を幸福に過ごしています。

その場合は、毎日がパラダイスになるので、いったんはサードプレイスは不要になります。

しかし、不思議なもので、それでも「サードプレイス」を欲するようになるのです。さらに高い満足度のアソビジネスを本業外につくりたくなるということです。

また、どんなに会社の仕事が楽しい人でも、定年退職後は、そのステージがなくなります。会社の立場は借り物ですから当然です。

この場合も定年退職の数年前から「アソビジネス」の準備を行う必要があります。これまでの得意分野を活かし、自分らしいコミュニティやビジネスをつくるのがいいでしょう。

どんな人でも必ずサードプレイスは必要で、アソビジネスも必要なのです。

まとめ

20～40代からの“2本の木”が100歳までを楽しくする。

10-4

「ライフ・パーパス」のある生き方

企業だけでなく一個人もパーパスの時代

昨今、「企業にはパーパスが必要だ！」と叫ばれています。「自社は何のために存在するのか」を社会に宣言し、“あり方”を浸透させ、「応援される愛着」を勝ち取らなければ生き残れないという“マーケティング的思考”です。

そして、私たち一個人も同様、“パーパス”を持つことで、周囲からの応援される力、愛着度が向上します。

同時に自分が自分を愛する“自己愛レベル”も向上し、“自己肯定感”が高まり、“幸福度”も高まります。これこそ人生100年時代の“持続的幸福度の維持”に必要なスタンスと言えるのです。

「自分は何者だか語れないまま生きる」のではなく、「自分の存在価値・あり方」を表現して生きることこそが、これからの“あるべき生き方”と言えるのです。

アソビジネスで初対面の自己紹介が楽しくなる！

人生は、「魅力的な出会いの数だけ幸せになる」と言っても過言ではありません。

その出会いの場で、自分が楽しくなる要因の１つが「人からどう見られるか？」ということでもあります。

ここで１つ質問です。
次のＡとＢの自己紹介のうち、どちらがお互いにとって“楽しい”でしょうか？

Ａ「某メーカーで働いている▲▲です」
Ｂ「●●という楽しいアソビジネスをしている○●です」

答えは、一目瞭然でＢです。
もちろん、本業で“話題が盛り上がりそうな仕事”をしている場合は、その話をすればいいでしょう。
そうではない場合は、今日から「大好きで得意なアソビジネスをする自分」で自己紹介をしてください。
全員が幸せな躍動感に包まれながら出会いを楽しめるはずです。

まとめ

「この世に存在する理由？」に本音で即答できる人から“幸福”になる。

10-5

月収10万、30万、100万…それぞれのマインドフルネス

しっかり稼ぐと、顧客も幸せになる

アソビジネス支援を長年やっていて気づくことがあります。

それは、アソビジネスでは「たくさん稼ぐ人」と「ほどほどに稼ぐ人」と「ボランティアに近い人」に分かれるということです。

ここで言えるこことは、“いくら稼ぐかは自分で決めていい”ということです。

そして、１つ覚えておいてほしいことがあります。

それは、

「稼ぐことは悪いことではない」

ということ。

その理由は、前にも書きましたが、高単価のものを多くの顧客に購入いただくことで、それなりの品質達成を目指し、自分自身も“努力する”からです。この挑戦が、おおいなる成長につながるのです。

さらには、以下のメリットも生まれます。

「事務局のアルバイトや社員を雇用する余裕ができ、よりきめ細かなサービスが可能になる」

これは「顧客の幸福度の向上」を意味し、あなた自身も心配事が減ります。クレームの心配をしなくていい。つまりは「いいことずくめ」ということなのです。

苦しい副業になってはいけない

アソビジネスにおいては、くれぐれも「苦しい副業」になってはいけません。お金をもらうことで“苦しみ”が生じるのなら、思い切って「無料の社会貢献アソビジネス」にしてしまったほうがいいくらいです。

まずは「幸福感」を優先すること。そこにこそ、アソビジネスの意味があります。

具体的な金銭は残らなくても、

1．お金では買えないレベルの感動。
2．人々との絆、一体感、愛の放射。
3．1つのアソビジネスの専門家としての知識、経験。

などが残り、実り豊かな人生が訪れるからです。とくに3に関しては、いざ会社を離れた瞬間に、堂々とキャッシュフローを得る“武器”になることは言うまでもありません。

まとめ

サードプレイスの“アソビジネス”には、幸せになれる“適正収入”がある。

10-6

死ぬ時に「楽しかった！」と笑える人生を

“いまわの際の走馬灯”に何を見るか？

今ここに２つの「否定しえない事実」があります。

１．今、私たちは生きているという事実。
２．いつか必ず私たちは死ぬという事実。

この２つです。命は限られており、私たちは、やがて訪れる“いまわの際”に、人生のダイジェストである“走馬灯”を見ることになります。

この走馬灯を見て“歓喜感動”できるか？　あるいは“後悔の念”を抱いてこの世を去るか？

どうせなら、走馬灯を見て歓喜感動！　自分と自分の人生のキャストに“拍手喝采”をしながら、あの世に行きたくはないでしょうか？

もしも、そう感じるなら、唯一自分の自由になる「オフの時間」を、悔いなく使わないといけません。

アソビジネスで“自分らしく踊りきる”ことができた人こそが、もっとも長時間の充実したシーンが楽しめるということです。

そして、アソビジネスからは、友情、恋、夢、興奮、達成感など、単なる“会社のやらされ仕事”では得られない産物が得られるのです。

大切なのは一瞬一瞬の「イマココ」の幸せ

・会社の仕事を毎日、自分を殺して嫌々やっている
・プライベートでも孤独を感じ、何の楽しさも感じない

もしも、この２つに心当たりがあったとしても「サードプレイス」があれば、そして「アソビジネス」があれば、何の心配もいりません。あなたは、少しずつ自分の人生を取り戻し、１秒１秒、**“今ここに生きる喜び”**を感じることができるようになります。

そして大事なのは、大好きで得意なアソビジネスに没頭しながらも、手伝ってくれる人、同業者、そしてお客様を愛し、そして“心を通わす”ということです。

・ＳＮＳで「いいね」をする
・書き込みをする
・お茶やランチに誘う
・イベントや交流会を開き“関わる”

このようにして、心の絆を膨らませることで“今ここの１秒１秒”を愛せるようになります。そこに「完全系の感謝の気持ち」が生まれることで、あなたの人生はパーフェクトの状態に近づいていくのです。それはまさしく「自分流に生きることを楽しむ人生」そのものと言えるのだと思います。

まとめ

命を自分流に完全燃焼することこそ“本物の人生”。

10-7

「1億人アソビジネス挑戦」が私の夢！

もしも、1億人が「大好き×得意なアソビジネス」にサードプレイスで没頭したら?

もしも、１億人が「大好き×得意なアソビジネス」にサードプレイスで没頭したら、この日本はどうなるでしょう？

難しい経済効果はよくわかりませんが、以下のような未来がやってくると思います。

・生きることを楽しむイキイキとした人が増える
・会社のストレスなんかどうでもいいと思う人が増える
・自分をしっかり持ち、自信に満ちた人々が増える
・自殺者、うつ病患者、イライラする人が減る
・出会いや恋愛が増えるので少子化が止まる
・自分の人生を生き、人生最後に後悔しない人が増える
・社交的な人が増え、陽気な国民になる
・他人の夢を応援し合えるような国民になる

こんな景色が本当に見れたら、すごく幸せです。

新卒社会人の頃から、私がずっとずっと願い、時に会社とも戦いながら、デモンストレーションしてきたこと。それが、

「自分らしく生きることを楽しむ人を増やす」

ということでした。

この思想は当時はマイノリティでしたが、今、時代は大きく変化しました。

これからは、私ではなく、あなたが「生きることを楽しむ生き方」を示し、あなたの背中を見た人が、「生きることを楽しむ」未来がやってきます。

脳内ドーパミン倍増計画！

日本人は勤勉と言われていますが、同時に「楽しむことが下手」な国民でもあります。ですが、サードプレイスでのアソビジネスをすることで、「楽しまずにはいられない状態」になるのです。

「日本人の脳内ドーパミン量を総底上げしたい」

これもまた私の夢です。つまりは、ワクワク、ドキドキ、小学生の夏休みのような感覚で日々を過ごすということ。

ドーパミンには心身を健康にし、脳内の生産性も向上させるという効果があり、「生産性」と「幸福感」の２つを、誰もが気軽に得ることができるのです。

“１億人のアソビジネス・プロジェクト”で、世の中を元気に楽しく変えられたら、これに勝る喜びはありません。

まとめ

「好きで得意な仕事」が人類を幸せにする。

実例紹介

サードプレイスビジネスで、
人生の景色が
変わった！

本当の舞台は
「会社」でも「家」でもない
「第三の場所」にある

最後に、「好きで得意」を社外で“アソビジネス”にしている方の実例を紹介します。実際の事例に触れながら、発想のヒントにしていきましょう！

CASE 1

友人10人と共同出資でカフェバー運営、人脈が1000人に（K•Kさん/50代/男性）

ＩＴ系企業の部門リーダーをしながら、東京港区で仲間１０人と出資金を出し合い、カフェレストラン経営を30代の頃に始めたＫ・Ｋさん。

内装は仲間内で手作りし、その過程をＳＮＳにアップし、“つくりあげる過程”もブログコンテンツとして発信しました。

「10人の仲間が共同運営者なので、店の経営を盛り上げようと、友人や取引先を連れてきたり、貸し切りイベントをブッキングして、店が自然に盛り上がっています」

働く会社やライフステージが変わっても変わらぬ場所、仲間がいることの“フルネス”感は尽きることがありません。40代後半で早期退職後も、この店がますます人生を輝かせるステージとなっています。

CASE 2

アクセサリー販売&制作講座で会社の給料越えの収入（F•Jさん/20代/女性）

「ハンドメイドアクセサリーを作ってインスタにアップし続けたら、少しずつ売れはじめて、そこから楽しくなり、没頭していきました」

大手就職支援会社に勤務するＦ・Ｊさんは、自分ブランドのハンドメイドアクセサリーを月に15個～20個販売しています。

しかし、ここでＦ・Ｊさんは、ある行動をします。

「超初心者向けのハンドメイドアクセサリー入門講座を開催しました。誰でも講座を開催できるプラットフォーム「ストリートアカデミー」を活用したり、Facebook で広告を出して集客したりしました」

え？　まだ販売開始したばかりで、月に多くて 20 個しか売れていないのに？

そう思った方もいると思います。しかし、ここでのポイントは「超初心者向けに月に 15 個〜 20 個のハンドメイドアクセサリーを売る方法を教える」ということでした。

F・J さんのセミナーには、同じように「社外のアソビジネスとして副業的にハンドメイドアクセサリーを売りたい人々」が集まったのです。

「結婚してからも、自宅で自分のブランドを売るのは楽しいです！今後もずっと続けていきたいと思います」

F・J さんのアソビジネスの収入は、会社の給料を超える月もあるそうです。“結婚後に自宅で子育てをしながら好きな仕事をして収入を得る”準備万端の F・J さんは、交際中の彼氏さんと近日入籍の予定だそうです。

CASE 3

イベント主催×恋愛コンサル×映画制作業を楽しむモテアラフィフ独身男性（矢加部英達さん/50代/男性）

個人事業主として人材紹介事業を運営しながら、「映画製作」「イベント主催」「結婚相談所（恋愛コンサルタント）」「販促事業」「アクセサリー販売」など“好きで得意な仕事”を楽しむ矢加部英達さん（50代）。矢加部さんの毎日は、24 時間 365 日がアソビジネスで満ち溢れています。

とくに数年前に初めてライン・プロデューサーとして参画した作品「いざなぎ暮れた（製作：吉本興業）」では、制作の要である制作チームのとりまとめ役で活躍しました。 沖縄の国際映画祭ではレッドカーペットをタキシード姿で歩き、映画制作デビューを果たしたのです。

「40代前半、離婚を機になんでもやってみる！という生き方にシフトしました。心の穴が埋まり、溢れ出るように、イキイキとした人生が広がっていきました」

そう語る矢加部さん。

「まずはお金に関係なく首を突っ込んで、体験をしてみることを大切にしています。 自分が好きな事なんだなとか、これは合わないんだなということなどがわかってきます」

直感に頼って行動し、アソビジネスをテイスティングしてみる——それが矢加部さん流の“アソビジネスの探し方・作り方”です。

大好きで得意なことをしていると、年齢に関係なく、魅力的な女性との出会いも向こうからやってくるようです。

「40代の時よりも50代の今のほうが正直モテます（笑）別にモテようとして努力してるわけじゃない。私は今、映画を作る醍醐味に恋をしています。自分で作った映画を全国のメジャーの映画館で上映してもらう——一館一館、上映を成就させることで、恋愛よりも楽しい達成感が感じています。」

好きなことに没頭して関係者と楽しい時間を過ごす。仲間を大切にする——

好奇心を持ち続け、好きなことを仕事にし未来を語る。そんな矢加部さんの60代、70代が楽しみです。

CASE 4

趣味で始めたキックボクシング×ヨガイベントが大盛況!（S•Yさん/40代/男性）

マッサージ業界で働きながら、趣味として「キックボクシング」を始めたS・Yさんは、友人の女性ヨガインストラクターと意気投合し、あるユニークなイベントを立ち上げました。

「キックボクシングをする男性は、柔軟性や静かなストレッチを必要とし、ヨガをする女性は、瞬発性があってアクティブなキックやパンチを必要とすると思ったんです。

そこで、友人と協力して、前半、後半に分けて同時にやってみることにしました」

そう語るS・Yさんは、月に1～2回、スタジオを借り、15名～20名のイベントを開催しています。

参加費は1回3000円で、開催後の飲み会を通じて男女の出会いの場としても盛況、今では口コミで参加者が自然に集まるようになりました。

「キックといっても強さを競わず、ヨガといっても楽しさを優先しています。楽しく明るく、安全にをモットーにサードプレイスを維持しています」

一般公募をせずにメンバーを厳選することで、“雰囲気の良さ”を維持し、自身もフルネスを感じることを第一に運営しています。

CASE 5

建築家をしながらDJ活動！　音楽を通じた出会いが広がった（古川明久さん/50代/男性）

「自分で空間デザインをしたクラブでイベントを開催し、DJ をする、それが僕のポリシーです」そう語るのはスペースクルーズ代表建築士の古川明久さん（50 代）。

古川さんは、飲食店、商業施設、企業からクラブやバーまで、数多くの空間設計の実績があるだけでなく、仕事で関わった物件の完成後はそこで物件オーナーとともにイベントを開催。自ら設計した場所で、自ら DJ を行い、今度は“真剣な遊び場”として空間を彩り、仕事だけでは得られない“人生の産物”を手にしています。

「空間の空気感は、そこに音が添えられたり、集まる人々が添えられることによって、変幻自在に変わります。僕はその“空間の躍動”を、とにかく純粋に楽しんでいます」と語る古川さん。

設計した空間に多くの人が集い、新しい出会いや笑顔が生まれ、新しい思い出が刻まれていく――その瞬間瞬間が、古川さんにとっての“フルネス”。

打ち合わせをする時にはチームで動くけれども、実際に設計に入ると一人の時間が多くなることもあり、“集いの時間”が欲しくなるのだそう。

「遊びも思い出も人生も自分で作っていくことが大事だと思うんです。受け身だとどんどん充実度は陳腐化していきます。僕は何歳になっても空間作りと音によるウエルネス提供を、大切にしていきたいと思ってます」

人々が新しい形で心の触れ合いや絆を求める時代。古川さんのサードプレイスでは、仕事関係だけでは得られない“ヒューマニズム溢れる人々の縁”が提供され続けています。

CASE 6

アウトドアサークルを結成して運命の女性と結婚（T・Hさん/30代/男性）

「昔とは違った形で熱くなりたいんです！」

そう言って著者のもとに現れたT・Hさんは、当時20代半ばでした。やんちゃな中高生時代を過ごしましたが、社会人になってからはメーカーの営業職についていました。

しかし、過去の生き方を正し、まじめな人間になろうとしたせいで、自然体の自分を表現できなくなっていました。

「昔は熱い毎日を過ごしてたんですよ。でも社会人になってからは、自分の壁を壊せなくて、不完全燃焼の日々が続いてます」

T・Hさんは膝を交えて語り合ううちに「大人のバーベキューイベント」の主催に興味を持ち始めました。

毎月イベントを開催し利益もきちんと出るようになった頃、こう提案しました。「大型バス1台借りて、箱根にバーベキューツアーをしてみたら？　バスツアーはうまくいくとむちゃくちゃ感動するから！」

T・Hさんは、早速大型バス1台をチャーターし、バーベキューツアーの準備に入りました。

近場で集まってのバーベキューは比較的簡単ですが、バスをチャーターしてのツアーはなかなか大変です。しかも人が集まらなければ大赤字になります。しかし、彼はバスツアーが成功した時の高鳴りを目指し、毎日参加者集めに奔走しました。

「やって良かったっす！」

バーベキューツアーの当日の23時、彼は涙ながらに私に電話をかけてきました。その夜は、主催仲間と遅くまで飲み明かしたそうです。

1年後――彼はバーベキューイベントで出会ったバーベキュー好きの女性と結婚。屋上バーベキュー付きの新居も建て、2人の子どもと、楽しいバーベキューライフを過ごしています。

CASE 7

健康テーマの「コラムニスト連載デビュー」、ペンネームで活動（峯あきらさん/40代/男性）

医療系の仕事に従事する峯あきらさん（Twitterアドレス@HealtheducatorM）は、プロのコラムニストデビューを果たし、メジャーなWebメディアでの連載を楽しんでいます。

「会社とは別の世界で、自分オリジナルの世界観で発信すると心が躍ります。執筆の世界で出会った仲間と切磋琢磨したり、読者からの反応を楽しんでいます。自分の世界が広がり、人生が充実しました」

そう語る峯あきらさんは、「子どもの健康習慣推進家」として、連載記事を通じて「人生100年時代を幸せに生きるための、幼少期からの健康教育の大切さ」を啓蒙しています。

「書いているときは無心になれて、シンプルに幸福度が上がります。それで、読者と繋がれる、とても幸せな時間です」と語り、プロ著者として商業出版デビューを目指し、メジャーメディアでの連載オーディションやコミュニティづくりに挑戦する日々を過ごしています。

CASE 8

会社に許可を取りビジネス書作家になった広告マン（H・Kさん/50代/男性）

大手広告代理会社でクリエイター業に従事する50代男性、H・Kさんは、エリート会社員として多くのビッグプロジェクトに関わってきました。複数の広告賞なども受賞、家族生活も円満で満ち足りた生活を送ってきました。

しかし、40代後半になり“自分ブランド”を軸にした“オリジナルコンテンツの発信”への憧れを抱くようになりました。

「クライアント案件ではなく、自分オリジナルの作品をゼロから生み出し、社会に発信し、影響を与えてみたい」という憧れを背負い、社外の時間を活用し“著者デビュー”に挑戦。

まずは、所属する会社のビジネスをテーマにする書籍を出版、本業のブランディングに寄与しました。

もう一方では、「会社を切り離した自分コンテンツ」での商業出版に成功。ビジネス書作家としてのブランディングを楽しんでいます。

「本が好きで、いつか絶対出版したいと思ってました。会社での自己実現はできたので、今度は子どもの頃からの夢である“著者”になってみようと思いました。

その夢が叶ったことで、幸福度の高い日々を過ごしています。早朝時間に執筆するのですが、朝がくるのが楽しみで仕方ありません」と語るH・Kさん。

定年退職後の活動も定まり、100歳までの人生が楽しみで仕方ないといった様子です。生涯で30冊の本を出版することを目標にしているようです。

CASE 9

印刷会社役員を務めながら有名ファッション誌のモデル業を楽しむ男性（T・Hさん／印刷会社役員／60歳／男性）

ある時は、有名ファッション雑誌の“モデル”になり、ある時は、有名ブランドの広告で“イケパパ”に！――T・Hさんは、プロモデル事務所に所属し、20年間、“ファッションモデル”として活躍しています。

じつはT・Hさんの本業は“印刷会社の役員”。普段はスーツを着て、忙しいビジネスライフを送っています。

「40歳の頃に、有名雑誌のパパモデルコンテストに応募したんです。反抗期の息子に威厳を見せたかった。入賞して“海外旅行券”を獲りたい思いもありました（笑）。結果、“準グランプリ”を受賞しました」

その後T・Hさんは、編集長からモデルプロダクションを紹介され、勤務先とも交渉し「副業モデル」の許可を得ました。

「あれから20年、撮影時は身が引き締まるような思いです。“ブランドの顔の一人”になるわけですから責任重大ですよ。普段とは種類の違う緊張感を楽しんでいます」

T・HさんのSNSプロフィール写真は、革ジャンを羽織り、クラシックバイクにまたがる“圧巻ショット”。女性だけでなく、40～50代の中年男性たちの視線を集めています。

会社を引退してからは、モデル業が“生涯の本職”となりそうです。

CASE 10

会社員時代に「エッセイスト・著者デビュー」結婚・出産後のキャリアを形成（下村さきさん/30代/女性）

2児の母でありながら書籍執筆、テレビ出演、WEBメディア連載、恋愛コンサルティング、女性のためのキャリア構築アドバイザー活動を行う下村さきさんは、独身時代の会社員時代から「社外で夢を叶える準備」を行ってきました。

子どもの頃からの下村さんの夢は「作家」になることでした。まずは恋愛系のWEBメディアのオーディションに応募して合格。多い時には、月に100本の記事を連載。ファンづくりをしたり、知名度を上げるなどのセルフブランディングをしていきました。

下村さんはその後、出版をするチャンスに恵まれます。『わけもなく男が魅かれる女50のルール（三笠書房）』や『苦手な女《ヒト》のトリセツ（自由国民社）』を立て続けに商業出版。著者デビューを果たしました。その後も明石家さんまさんMCの「ホンマでっか!?TV」に出演するなど、母として著者文化人として活躍の日々を送っています。

「自分らしく生きるためのセルフブランディングは、会社だけに頼っていてもうまくいきません。それどころか本来のセンスや情熱が、会社仕事で削られてしまうことだってあります。だからこそ、社外の時間でしっかり自分づくりをして“軸”をつくっていく……それが人生を大切に生きるということなのだと思います」と下村さん。

YouTubeチャンネル（恋愛デトックス）もスタートし、新たな挑戦に歩み出しており、今後がますます楽しみです。

CASE 11

経営コンサルタントをしながら自然の中で古民家リトリート施設を運営（磯島裕樹さん/40代/男性）

磯島裕樹さんは、神奈川県で経営コンサルティング業を営んでいます。普段は、経営者・管理職の方々に対し、“すてる”“わける”“しまう”の3ステップで業績を伸ばす「片付け経営術」を提供し、業績の向上をコミットする業務を行っています。

そんな磯島さんですが、「自身と仲間の人生のウエルネス度を最高値にしたい！」という思いから、東京都青梅市の山深い秘境に「古民家ウェルネスビレッジ 青梅 −成木の杜−」なる“隠れ家”を2023年5月にオープン。

「都会で働くビジネスマンが日常を忘れ、大自然のなかで、氣功・ヨガ・ストレッチや座禅・瞑想などを組み合わせた宿泊プログラムを提供したい。体と心をゆっくり整えたり、農業体験や蛍鑑賞などを仲間と楽しんだり、自分を取り戻せる“サードプレイス”があればいいな……と思ったのがきっかけです」

そう語る磯島さんは、Facebook上に興味を持った人が集えるグループを設置、頻繁な更新で仲間のエンゲージを高めています。

「サードプレイスでエネルギーを高めたり、心の栄養をたっぷりと高めることで、発想力を豊かにしたり、自分の魅力も高めることができ、心身の健康を取り戻すだけでなく、結果的に仕事にもよい影響が生まれると思うんです」と語る磯島さん。「大人の秘密基地」のおかげで、人生がますます楽しく冒険心に満ちたものになっているようです。

CASE 12

結婚式場に勤務しながら自身のメイクアップスタジオを運営（K・Kさん／40代／女性）

東京都内の結婚式場で、新婦のヘアメイクの仕事をするK・Kさんは「ヘアスタイリングだけでなく、もっとトータルで女性を美しく変えたい」という思いを常々抱いていました。

「自分の技術を会社の中だけで提供するのはもったいない……単純にそう思ったのがきっかけでした。それに、社外で自分でやるなら、思い切り冒険的にオリジナリティを発揮できますからね」と語る上地さん。

そして、ついにK・Kさんは社外で自分のサービスを立ち上げる決意をします。

その後、1年の準備期間を経て「1日3分変身メイク術～10歳若く、10kg細く、10㎜リフトアップして見えるメイク術～」をコンセプトにしたオンライン・メイクアップ・サロン「Kumistyle　Tokyo」を立ち上げたのです。

メイクのテクニックを教えたり、出張でメイクを行った顧客から「今までの自分と変われました」「周囲からきれいになったねって言われました」の報告を受けるたびに、言葉では表せない程の幸福感を感じるそうです。

最近では、ZOOMに映えるメイクや、営業マンのための「第一印象メイク」などを法人向けにも提供。会社仕事だけでは得られない「仕事による自己実現」を、今まさに心の底から楽しんでいます。

CASE 13

人材紹介会社に勤務しながら「パラレルワーク実践・啓蒙活動」（山下いずみさん/40代/女性）

人材紹介会社に勤務する山下いずみさんは、これまでに、約5000人の転職をサポートしてきたベテランのキャリアコンサルタント。

山下さんは、本業とは別に“ある活動”を楽しんでいます。パラレルキャリア推進委員会という団体に所属し、パラレルキャリア専門情報フリーマガジン『エール通信』にてインタビュー取材を担当、その他でもコラムの執筆や、個人的に働き方に関するワークショップ、個別相談などを行っています。

つまり、山下さんの会社での役割は“特定の会社に本業転職”を支援する業務ですが、社外では“好きを活かせる仕事に複数従事する”ための支援をしています。

「数年前、会社を辞めようと思ったことがあります。その時“本当にやりたいこと”について、徹底的に掘り下げたんです。答えは“人々が仕事を通じて、なりたい自分になる支援”でした」

すぐにネット検索してみると“パラレルキャリア推進委員会”という団体が目にとまりました。

「まさにその団体は“好きを活かせる、興味のあることにチャレンジできる場をつくり、なりたい自分になるサポート”をしていたんです。もちろんその場ですぐに、スタッフに応募しました」と語る山下さん。

その後、活動をするうちに「人にパラレルキャリアによる自己実現を勧めているのだから、自分も会社を辞める必要はない」と思うようになったのです。

「好きな仕事をパラレルワークの１つとして始めた人は、本当に表情がどんどん変わっていきます。そんな仲間たちと一緒にいると、私自身も働くことを心から楽しむようになり、この活動をしていてよかったなって思えます。もちろん会社の仕事もやりがいはあります。でも、パラレル推奨による自己実現のサポートとの両立があってこそ、私自身、本当の自分になり、本当の居場所が得られているように思います」

働き方の選択肢が増えることは、自分に主導権を取り戻すこと、生き方の解放であるとも語る山下さん。社外の活動によって、自身の人生も強く輝き始めているようです。

CASE 14

勤務先の公認で「人生絵本づくり」のライフワークを展開（菊池由佳さん/40代/女性）

Web 社内報の提供会社に勤務しながら、大切な方や家族の人生を「絵本」にして贈り物にするサービスを社外で行う菊池由佳さん(jinseigift.com)。菊池さんは勤務先の理解と応援を受けながら、大好きな「人生絵本づくり」と日々向き合っています。

「かつて私は大手企業に勤務し、自分のカラーが活かせるポジションで仕事にダイナミズムを感じながら働いていましたが、家庭の事情で異動させてもらいました。その部署では仕組みが完成されていて、この仕事、私じゃなくてもできるよね？っていつも思っていたんです」

もっと自分らしく得意なことで世の中の役に立つことがしたい！人の笑顔に触れたり、感謝を直接受け取れる仕事がしたい……そんな思いを募らせながら、菊池さんはふと子供の頃のことを思い出します。幼少の頃、体が弱くいつも「絵本」とともに過ごし、絵本とのふれあいから大きな影響を受けてきた……そしてひらめいたのが、大切な方や家族の人生を「絵本」にして贈り物にするサービスでした。

そして、チャンスが訪れました。人生絵本を提供する「ふんわり合同会社」を結成した直後、内閣府首相官邸のSNSによって、このサービスが全世界に向けて英文で紹介されたのです。その内容は以下の主旨でした。

「世界で１点ものの絵本は、ライターが取材して、イラストレーターが描く印刷ではない原画の絵本であり、愛着の着物をリユースし、絵本のカバーとして蘇らせることもできる。デジタル化が進む中、絵本が持つ優しさやぬくもりが評価されているとともに、高齢化社会でシニア層が次世代に人生を形として残すコミュニケーションツールとして注目されている。　」

配信直後、世界中から大数の問い合わせが寄せられ、うれしい悲鳴が上がりました。

「依頼者とその大切な方が喜ぶ笑顔を想像しながら制作に向き合う時間をなにより大切にしています。人生絵本を通じて社会の孤立問題を解決することにも寄与したいですね」
そう語る、菊池さんの今後が楽しみです。

おわりに

いかがでしたか？　アソビジネスによる新しい生き方は見つかりましたか？
一度で見つからなくても、何度も読み返して何度でもチャレンジし、その過程を楽しんでみてください。
自分で人生をデザインして行動した経験、達成感、失敗、壁のすべてが人生を彩る１シーン１シーンになると思います。

他人が決めたことをやるのとはまったく違い、自分で決めたことに没頭する日々は格別です。

今では、こんな本を書いている私ですが、20代、30代の会社員の当時は、明日をも知れない「自分探しの渦中」にいました。会社外のサードプレイスはあったものの、そこで始めたアソビジネスでは最大でも年間100万円～150万円を稼ぐにとどまりました。

しかし、そこで得られたものは、金額の100倍、いや1000倍の価値があったと思います。

人生の最後に生涯を振り返る時、「自分らしさ」があった人生、ない人生では全く思い出の質が違うと思います。そしてぜひ、あなたには「自分らしさ」がある人生を送ってほしいと思うのです。
時には挫折もあったけれども、全部自分で決めてきた！
そんな人生に悔いはない……私はそう思います。

私は、このサードプレイスにおけるアソビジネス主義を全国に広めたいと思っています。

ぜひ、あなたが挑戦してうまくいったこと、うまくいかなかったことをケーススタディとしてお知らせをお願いします！

そして私の主催する無料のFB非公開コミュニティ（検索→LWCA～ーアソビジネスしよう！ーライフワーク・クリエイト協会～）にも合流していただき、皆で磨き合ってほしいと思います。さらには、迷っている人、悩んでる人がいたら、あなたの経験や知識からどうか背中を押してあげてほしいと思うのです。

あなたの大切な人が心の壁を壊し、自分らしく日々を生きる……その手助けをぜひしてあげてください。

最後に……

お金をたくさん稼ぐことは大切です。しかし、お金を稼ぐだけでは人間は幸せになれません。

飯を食うためのライスワーク、その他に「大好きで得意なライフワーク＝アソビジネス」を確立して、感動の輪をつくり、幸福度の高い100年を共に生きていこうではないですか！

あなたの前途洋々な未来を心より祈っています！
またきっとお会いしましょう。

Free your mind!　潮凪洋介

著者プロフィール

潮凪洋介（しおなぎ・ようすけ）

サードプレイス啓蒙家。人生・恋愛・アソビジネスをテーマにした著書を執筆（73 冊／累計 173 万部／ 2023 年現在）。代表作に『もう「いい人」になるのはやめなさい！』『バカになれる男の魅力』『男の色気のつくり方』などがある。
1993 年、新卒会社員当時、社会人のサードプレイスクラブ「CHL」を立ち上げ、東京港区にサロンを設置。500 回以上のサードプレイス・イベントを実施。
2012 年、アソビジネスの啓蒙団体、ＬＷＣＡ（ライフワーク・クリエイト協会）を立ち上げ、日本経済新聞社など企業、団体で「アソビジネス（ライフワーク）」をテーマに講演。
2014 年～ 2019 年まで東京芝浦で毎週木曜日にサードプレイス・イベントを主催。281 週連続開催し 8000 人が集う。
個人向けの著者養成学校「SHIONAGI DOUJO WRITAS ！」、企業向けの「出版ブランディング事業」も手掛ける。
2015 年「目黒クリエイターズハウス」を東急目黒線洗足駅徒歩 4 分に建設。

潮凪洋介オフィシャルサイト
https://shionagi-yosuke.com/
ＬＷＣＡ（ライフワーク・クリエイト協会）
https://www.freedom-college.com/

読者限定・無料特典

1.アソビジネス・アイデア集(動画)を無料プレゼント!

著者・潮凪洋介本人による「アソビジネス・アイデアのヒント動画」。100 種類以上のビジネスを組み合わせた「世界に 1 つのアソビジネス発想術」をお届けいたします。

2.各種アソビジネス講座・イベントのご案内

QR コード読込

https://www.freedom-college.com/asb/

読込後、メールアドレス登録で無料特典をお届けいたします。

Special Thanks to
企画・編集協力 遠藤 励起
編集協力　潮凪 夏海

遊び＋ビジネスで人生が変わる
アソビジネス大全《たいぜん》
2023 年（令和 5 年） 9 月 30 日　初版第 1 刷発行
2023 年（令和 5 年）11 月 23 日　初版第 2 刷発行
著　者　潮凪 洋介
発行者　石井 悟
発行所　株式会社自由国民社
　　　　東京都豊島区高田 3-10-11　〒171-0033　電話 03（6233）0781（代表）
造　本　ＪＫ
印刷所　大日本印刷株式会社
製本所　新風製本株式会社